數學素養題型

題型 八下

由貼近生活的科普文章轉化成數學題組
符合108課綱精神的數學素養學習教材

數感實驗室／編著

數感實驗室

MATHEMATICAL LITERACY

Foreword
推薦序

111年是108課綱學生會考的第一年，非選擇題的評閱有一項重要改變，就是非選擇題閱卷評分著重在策略、推理並恰當表達解題過程，強調學生要能運用數學能力與情境結合。學生是否能分析問題情境，再轉化出數學概念，並詮釋結論，都是非常重要的能力。

《數學素養題型》除了配合課本各章節有學習重點回顧、數學知識檢核題與歷屆會考試題外，其中我在課堂上最喜歡搭配使用的，就是數感實驗室團隊精心設計的生活情境問題。每一小題環環相扣，不僅給學生思考的鷹架，只要輕鬆跟著題目思考，就能想出答案，並且練習說明或解釋結論，這些歷程都是培養學生在會考非選擇題作答時的重要能力。

本書以輕鬆易懂的方式解釋了許多數學概念，並以有趣的方式呈現出來。除此之外，問題探索情境融合不同領域議題，讓學生在解題過程中，潛移默化學到更多不同知識，像是介紹版畫家艾雪、介紹鑲嵌圖案的製作、蜂窩的構造，甚至是東京奧運會徽也能入題。這些題目與其說是題組，不如說是讓學生簡單輕鬆看了一篇科普文章知識，邊看邊引動學生思考，真是一舉數得，看得出來數感實驗室團隊出題目時的企圖與用心，真心推薦是本不能錯過的獨特題本。

高雄市楠梓國中
高雄國教輔導團數學領域專輔

顏敏姿

Letter from the

編者的話

Editor-in-Chief

各位老師、同學、家長好：

數感實驗室創立迄今，累積了逾千則的生活數學內容，在網路上集結了超過十萬的數學愛好者。我們用數學分析生活、時事、新聞，想讓更多人知道數學有多好玩、多實用。

新課綱的重點「數學素養」強調與情境結合，培養學生活用數學的能力，而非僅止於精熟計算。從 107 年起，連續幾年的國中數學會考中，生活情境題更占了一半左右。這樣的教育改革方向，與我們團隊所強調的「數感」不謀而合——

數感：察覺生活中的數學，用數學解決生活中的問題

因為教學端、考試端的重視，近年來我們受邀到許多學校、縣市輔導團舉辦素養題工作坊，協助教師命題，也與各大出版社合作，參與了國小、國中、高中職義務教育全年段的課本編寫任務。

此次，我們集結了來自第一線的老師、前心測中心的數學研究員，並

邀請數學系教授擔任顧問，投入大量的心力時間，將眾多生活數學內容轉編成一系列的《數學素養題型》，目前已有多所學校採用。

書中的每道題組，皆由循序漸進的多個探究式子題組成，子題有選擇題，也有比照會考的非選擇題。搭配豐富的影音文字延伸學習資料，以及完善的影音詳解，《數學素養題型》可以作為老師在課堂上的教材，也可以作為學生自學的好幫手。

我們期許《數學素養題型》不僅能對同學短期的課業、升學有幫助，而是要產生對就業、人生有益的長遠幫助。2019 年美國就業網站 CareerCast 公布的全美最佳職業排行，前十名有六種職業需要高度的活用數學能力，例如資料科學家、精算師等。畢竟，科技與數據的時代，數學已經成為各行各業的專家語言。許多研究更指出，數感好的人在理財、健康等人生重要面向中表現都比較好。若能真的學會數學，具備數學素養，相信絕對是終生受益的能力。

培養數感不像學一道公式，花幾堂課或練習幾次即可。它是一種思考方式，一種重新看待數學的視角。但培養數感也不需要狂刷大量題目。說到底，數學本來就不是靠著以量取勝就能學好的知識。

數學強調的是想得深入，想得清楚。

翻開《數學素養題型》，每週找一個時間，寫一道題組，讀相關學習延伸，看影音詳解。可以是同學自己在家練習，也可以是老師在課堂上帶著大家一起討論。如同養成習慣一樣，相信半年、一年下來，可以看見顯著的成效。

讓數學變得好用、好學、好玩

這是數感實驗室的理念，也是我們編寫《數學素養題型》的精神。

主編 賴以威

數學素養題型說明

緣由

108 學年度新課綱的「素養導向」是教學的一大議題：如何讓學生察覺生活中的數學，如何評量數學素養呢？數感實驗室研發了一系列符合 108 課綱精神的數學素養學習教材、生活數學題組，希望能幫助教師、家長、學生一起提升數學素養。

題目說明

除了計算、解題的數學力，我們期許培育學生「在生活中看見數學，用數學解決生活問題」的數感。數學素養題型將引導學生進行下圖思考歷程：

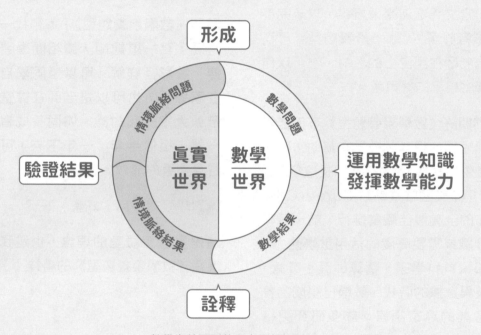

數學素養題型的思考歷程

從真實世界形成數學問題
進入數學世界的歷程

形成

過往教學常注重「解決數學問題」。素養導向則強調真實世界到數學世界的「形成」——發現數學線索、連結數學知識，進而數學化問題。

INTRO-DUCTION

數學素養題型的兩大特色

01

多樣化豐富情境

本團隊累積逾千篇數學生活文章，轉換之題組涵蓋 PISA 四大情境：個人、職業、社會、科學。

02

探究式題組

引導學生思考、分析情境、選擇工具、形成問題、運算，得到答案後詮釋情境。

數感不是獨特的天賦，需要的只是有方法的引導與適量的練習。數學素養題型基於豐富的素材、設計活潑的情境，提供細緻的探究歷程。學生可以自學，定期練習。老師也能於教學中活用，直接作為評量或改編為課堂教案。我們期許這項服務能作為現場老師因應數學素養的強力後盾。

作答說明

是非題	選擇題	非選擇題
每題包含 是 否 兩個選項。 請根據題意，從兩個選項中選出一個正確或最佳的答案。	每題包含 A)、B)、C)、D) 四個選項。 請根據題意，從四個選項中選出一個正確或最佳的答案。	請根據題意，將解題過程與最後答案，清楚完整地寫在試題下方作答欄位中。

·············· 每道題組建議作答時間：15~20 分鐘 ··············

單元一 數列與級數
UNIT ONE

LESSON
數列與級數

學習重點回顧

❶ 數列： 將數排成一列，並以逗號分開，稱為數列。例如：2, 3, 5, 8, 11, 17

- 數列的第 n 項通常以 a_n 表示。例如：上述數列中的第 5 項 $a_5 = 11$
- 數列的第 1 項通常以 a_1 表示，又稱為首項。例如：上述數列中的首項 $a_1 = 2$
- 數列的最後一項，又稱為末項。例如：上述數列共有 6 項，則末項 $a_6 = 17$

❷ 等差數列： 數列中的任意相鄰兩項，若後項減去前項所得的差皆相同，則此數列稱為等差數列。例如：數列 1, 3, 5, 7, 9, 11, 13 中的任意相鄰兩項，後項減去前項所得的差皆為 2，故此數列為等差數列。

- 這個固定的差，又稱為公差，通常以 d 表示。例如：上述數列中的公差 $d = 2$
- 若一等差數列的首項為 a_1，公差為 d，則此數列中的 $a_n = a_1 + (n-1) \cdot d$
  例如：上述數列中的首項 $a_1 = 1$，公差 $d = 2$，則第 3 項 $a_3 = 1 + (3-1) \times 2 = 5$
- 若 a、b、c 三數成一等差數列，則 b 稱為 a、c 的等差中項，且 $a + c = 2b$
  例如：上述數列的前 3 項 1, 3, 5 成等差，則 3 稱為 1、5 的等差中項，
  且 $1 + 5 = 2 \times 3$

❸ 等比數列： 數列中的任意相鄰兩項，若後項除以前項所得的比值皆相同，則此數列稱為等比數列。例如：數列 1, 4, 16, 64, 256 中的任意相鄰兩項，後項除以前項所得的比值皆為 4，故此數列為等比數列。

- 這個固定的比值，又稱為公比，通常以 r 表示。例如：上述數列中的公比 $r = 4$
- 若一等比數列的首項為 a_1，公比為 r，則此數列中的 $a_n = a_1 \cdot r^{n-1}$
  例如：上述數列中的首項 $a_1 = 1$，公比 $r = 4$，則第 5 項 $a_5 = 1 \times 4^{5-1} = 256$
- 若不為 0 的 a、b、c 三數成一等比數列，則 b 稱為 a、c 的等比中項，且 $ac = b^2$
  例如：上述數列的前 3 項 1, 4, 16 成等比，則 4 稱為 1、16 的等比中項，
  且 $1 \times 16 = 4^2$

❹ 級數： 將數列中的各項按照順序接連相加，稱為級數。例如：數列 2, 3, 5, 8, 11, 17 的級數為 $2 + 3 + 5 + 8 + 11 + 17$

❺ **等差級數**：當 $a_1, a_2, \ldots, a_n$ 為等差數列時，$a_1 + a_2 + \cdots + a_n$ 稱為等差級數。

例如：等差數列 1, 3, 5, 7, 9 的等差級數為 $1+3+5+7+9$

- 等差數列的前 n 項和通常以 S_n 表示。

  例如：上述等差數列的前 3 項和 $S_3 = 1+3+5 = 9$，前 4 項和 $S_4 = 1+3+5+7 = 16$

- 若一等差數列的前 n 項中，首項為 a_1，末項為 a_n，公差為 d，則此等差數列

  前 n 項和 $S_n = \dfrac{n \cdot (a_1 + a_n)}{2} = \dfrac{n \cdot [2a_1 + (n-1) \cdot d]}{2}$

  例如：上述數列的前 3 項中，首項 $a_1 = 1$，末項 $a_3 = 5$，公差 $d = 2$，則此數列的

  前 3 項和 $S_3 = \dfrac{3 \times (1+5)}{2} = \dfrac{3 \times [2 \times 1 + (3-1) \times 2]}{2} = 9$

NOTE

數學知識檢核

① 有一長條形鍊子，其外型由邊長為 1 公分的正六邊形排列而成。下圖表示此鍊之任一段花紋，其中每個黑色六邊形與 6 個白色六邊形相鄰。若鍊子上有 35 個黑色六邊形，則此鍊子有 ＿＿＿＿＿＿ 個白色六邊形。

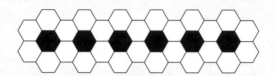

【類 97 年基測 I 】

（　）② 將數列 1, 2, 3, 4, 5, ..., 100 刪去 2 的倍數後，得到一個新的數列。下列關於新數列的敘述，何者錯誤？

Ⓐ 新數列是等差數列

Ⓑ 新數列共有 50 項

Ⓒ 新數列公差為－2

Ⓓ 新數列的每一項都是奇數

③ 小明每天都會背英文單字，為了更加增進自己學會單字的數量與速度，每天都比前一天多背 2 個英文單字。已知小明第 1 天背 5 個英文單字，第 2 天背 7 個英文單字，則第 5 天他背了 ＿＿＿＿＿＿ 個英文單字。

( )④ 設 a＋5b, □, 5a－b 三數成等差數列，則□為下列何者？

    A 3a＋2b

    B 2a＋3b

    C 3a－2b

    D 2a－3b

⑤ 若 7＋3a, 6＋2a, 9＋5a 三數成等差數列，則 a＝ _____

等比數列

① 設一等比數列首項為 $\frac{5}{9}$，公比為－3，則這個等比數列的第 5 項為 _____

② 已知 x＋10, x＋2, x－8 三數成等比數列，則 x＝ _____

( )③ 已知 81, 27, 9, a, 1 為一等比數列，公比為 r，請問數對 (a, r) 為下列何者？

    A (3, 3)

    B (6, 3)

    C $(3, \frac{1}{3})$

    D $(6, \frac{1}{3})$

④ 若一等比數列的第 3 項為 16，第 4 項為－64，則第 12 項是第 10 項的 _____ 倍。

⑤ 已知 3, a, 9, b 是一個等比數列，且公比為正，則 a×b＝ _____

等差級數

（　）① 等差數列 2, 5, 8, ……中，前 20 項的和，與下列哪一個算式的值相同？

A $\dfrac{(2+20)\times 20}{2}$

B $\dfrac{[2+2+(20-1)\times 20]}{2}$

C $\dfrac{[2+2+(20-1)\times 3]}{2}$

D $\dfrac{[2+2+(20-1)\times 3]\times 20}{2}$

② 等差級數 $2+3\dfrac{1}{2}+5+\cdots\cdots+23=$ _____

③ 已知音樂廳內有 7 排座位，第一排有 10 個位子，之後每一排均比前一排多 2 個位子。根據上述資訊，此音樂廳共有 _____ 個位子。

④ 有一個 11 人的團體，其成員年齡恰成一個每人差 3 歲的等差數列。已知最年輕的成員只有 14 歲，則全體成員的年齡總和為 _____ 歲。

（　）⑤ 觀察下圖中的圖形規律，判斷下列選項中的敘述，何者正確？

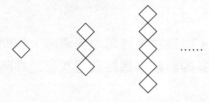

第 1 行　　第 2 行　　第 3 行 ……

Ⓐ 前 5 行共有 27 個菱形

Ⓑ 前 7 行共有 49 個菱形

Ⓒ 前 9 行共有 83 個菱形

Ⓓ 前 10 行共有 101 個菱形

QUESTION 1-1

安排賣座電影的場次

　　漫威系列電影《蜘蛛人：無家日》即將上映，加納戲院想搭上這波賣座電影續集的熱潮，希望一天可以安排到 14 個場次。不過，為了避免群聚感染，讓觀眾能安心入場，也讓戲院能維持營運，各場次之間都要安排場地清潔消毒，所以同一間影廳的各場次間隔會拉長。

　　一天營業的時間就這麼長，如果拉長各場次的間隔，每間影廳可安排播映的場次就減少了。加納戲院想嘗試調度更多的影廳，讓每個場次都能準時開演。一起來想辦法安排看看吧！

01 假設有 1 場《蜘蛛人：無家日》在 09：30 開演。如果每個場次皆提前 5 分鐘開放觀眾入座，請問這場開放觀眾入座的時間是否為 09：25？

　　　　是　　否

( ) 02 09：30 開演後會先播放 3 分鐘的廣告，才會放映《蜘蛛人：無家日》。電影結束後，觀眾散場，工作人員進行場地清潔消毒，完成後才會開放下場次的觀眾入座。已知《蜘蛛人：無家日》總長 148 分鐘，且從開始散場到完成清潔消毒共需 9 分鐘。承上題，同一間影廳在 09：30 的場次之後，最早可以開演的下一個場次，為下列哪一個選項？

A) 12：00

B) 12：05

C) 12：10

D) 12：15

03 因為第 1 廳的座位數最多，所以加納戲院打算第 1 廳都安排《蜘蛛人：無家日》的場次，藉此衝高營收。已知第 1 廳最早開演《蜘蛛人：無家日》的場次為 10：20，且加納戲院的營業結束時間為凌晨 03：00，意思是電影最後一個場次的內容，要在凌晨 03：00 以前播完。承第 1、2 題，請問第 1 廳一整天最多共可播放幾場《蜘蛛人：無家日》？請列出所有場次開演時間，並合理說明或詳細解釋你如何找出這些場次。

答：　　　　　　場

◆ 說明：

04 加納戲院想根據第 1 廳場次安排的狀況，來評估應該要用多少個影廳，消化所有 14 個場次，如表一所示。

表一　加納戲院的《蜘蛛人：無家日》時刻表

10：20	11：20	12：20	13：20	14：20	15：20	16：20
17：20	18：20	19：20	20：20	21：20	22：20	23：20

承上題，請根據表一的資訊，判斷加納戲院最少要用多少個影廳，才能讓表一中的場次都能順利開演，並合理說明或詳細解釋各場次與影廳的對應安排情形。

答：　　　　　個

◆ 說明：

題目資訊

內容領域 ●數與量(N)　○空間與形狀(S)　○變化與關係(R)　○資料與不確定性(D)

數學歷程 ○形成　○應用　●詮釋

情境脈絡 ●個人　○職業　○社會　○科學

學習重點	學習內容	N-8-3	認識數列
		N-8-4	等差數列
	學習表現	n-IV-7	辨識數列的規律性，以數學符號表徵生活中的數量關係與規律，認識等差數列與等比數列，並能依首項與公差或公比計算其他各項。

QUESTION 1-2

把握足夠的啤酒泡沫

禁止酒駕，未滿十八歲請勿飲酒

在許多卡通作品中，我們常看到下班回到家的大人享用充滿泡沫的清涼啤酒，來洗刷一天工作辛勞。將啤酒倒入杯中時會產生泡沫，是因為啤酒中含有二氧化碳氣體，開瓶後導致壓力變小而從液體中釋出，在啤酒表面形成泡沫。適量的泡沫可以保持啤酒的新鮮，又能增添風味，可見泡沫真是享用啤酒時不可或缺的「涼」伴。

然而，有時大人們一聊起天來就忘了時間，啤酒泡沫中的氣體會隨著時間過去而散逸到大氣中，使得泡沫逐漸消失，降低了享用啤酒的興致。花爸對此非常的困擾，柚子想幫助花爸把握住啤酒還有足夠泡沫的時間點，讓他好好享用啤酒。因此，他打算觀察泡沫消失量與時間之間的關係，給花爸作為參考。

<u>01</u> 請判斷泡沫中的二氧化碳減少時，泡沫的量是否會跟著減少？

　　是　　否

( ) <u>02</u> <u>柚子</u>以漂浮在啤酒表面的泡沫高度，作為測量泡沫量的基準，從剛倒完啤酒就記錄初始泡沫高度，開始計時，每過 20 秒記錄 1 次泡沫高度。記錄的過程中，<u>柚子</u>發現每經過 20 秒，泡沫高度是前一次觀察的 $\frac{3}{4}$。如果剛倒完啤酒時，<u>柚子</u>記錄到的泡沫高度為 2 公分，請問經過 20 秒後，<u>柚子</u>記錄的泡沫高度會是多少公分？

A) $\frac{1}{4}$

B) $\frac{1}{2}$

C) $\frac{3}{2}$

D) $\frac{5}{4}$

( ) <u>03</u> 承上題，當<u>柚子</u>觀察到泡沫高度變成初始的一半時，從剛倒完啤酒所經過的時間，會落在下列哪一個範圍？

A) 20 ～ 40 秒

B) 40 ～ 60 秒

C) 60 ～ 80 秒

D) 80 ～ 100 秒

04 柚子擔心這樣泡沫消失得太快，花爸一聊天時間就過去了。柚子以不同的角度倒啤酒，讓初始泡沫高度變為 6 公分。他覺得，泡沫低於 1 公分就不好喝。以經過的時間來看，初始泡沫高度 6 公分減少到 1 公分所花的時間，是否能比初始泡沫高度 2 公分減少到 1 公分所花的時間多出 3 分鐘？請合理說明或詳細解釋你的看法。

　　　◉ 是　　◉ 否

◆ 說明：

延伸學習1　延伸學習2

題目資訊

	內容領域	●數與量(N)　○空間與形狀(S)　○變化與關係(R)　○資料與不確定性(D)

內容領域　●數與量(N)　○空間與形狀(S)　○變化與關係(R)　○資料與不確定性(D)

數學歷程　○形成　●應用　○詮釋

情境脈絡　●個人　○職業　○社會　○科學

學習重點	學習內容　N-8-6	等比數列
	學習表現　n-IV-7	辨識數列的規律性，以數學符號表徵生活中的數量關係與規律，認識等差數列與等比數列，並能依首項與公差或公比計算其他各項。

QUESTION 1-3
解開GOOGLE的面試考題

Google 在面試時,會請面試者回答一些謎題,藉此觀察他們解決問題的思路。據說以下是其中 1 則面試題:

> 從 78 層樓的大樓中,選幾個樓層把 1 顆蛋往 1 樓地面丟,看有沒有破掉。如果蛋掉到 1 樓地面沒破掉,便可以從其他樓層重複丟蛋。假設蛋一定會從大樓中的某一樓層起,在丟下時破掉,現在你有 2 顆相同的蛋,請問如何丟最少次,找出蛋最低從幾樓丟下時會破掉?

佩佩對解謎非常感興趣,他發現如果從 1 樓開始丟、沒破的話再到 2 樓丟,如此一層層往上,得花不少次數。不如試著改變每次丟蛋的樓層間距,也許能找出更少的次數。跟著佩佩把握丟 2 顆蛋的機會,思索解決方法吧!

( ) **01** 佩佩往上加一些樓層後,開始丟第一顆蛋。如果沒破,接下來每次往上加的樓層數,都比前一次少 1 層,再繼續丟同一顆蛋。例如,第一次往上加 10 層,從 10 樓開始丟,如果沒破,則第二次就往上加 9 層。若加 8 層後丟下破掉了,則這顆蛋總共被丟了幾次?

A) 2

B) 3

C) 8

D) 9

( ) **02** 當第一顆蛋從某層樓丟下破掉時,第二顆只要檢查剛才往上加的樓層中,還沒有丟過蛋的那幾樓,就能找出答案。承上題,第一顆蛋往上加 8 層丟下後破掉了,第二顆只要嘗試剩下的 7 層,請問此時這 2 顆蛋最多總共丟幾次,就能找出讓它們破掉的最低樓層?

A) 7

B) 8

C) 9

D) 10

03 佩佩用這個方法測試後發現，不管第一顆蛋何時破掉，這 2 顆所丟的最多總次數都不變，藉此找到了最少的丟蛋次數。可是，他沒辦法測到整棟 78 層樓的狀況。承第 1、2 題，請合理說明或詳細解釋，佩佩從 10 樓開始丟第一顆蛋，最高可以測到幾樓？

答：　　　　　　　樓

◆說明：

04 為了能測到整棟 78 層樓的狀況，佩佩想試著調整一開始丟蛋的樓層，其他步驟維持原本的規律，就能解開這道謎題了。他假設第一顆蛋先從第 x 樓丟，如果沒破，則第二次往上加 $x-1$ 層丟同一顆，依此類推。承第 1、2 題，請合理說明或詳細解釋，佩佩應該從幾樓開始丟第一顆蛋，才能用最少的丟蛋次數，找出蛋最低從幾樓丟下時會破掉？

答：　　　　　　　樓

◆說明：

題目資訊

內容領域	●數與量(N) ○空間與形狀(S) ○變化與關係(R) ○資料與不確定性(D)
數學歷程	○形成 ○應用 ●詮釋
情境脈絡	●個人 ○職業 ○社會 ○科學

學習重點	學習內容	N-8-5	等差級數求和
	學習表現	n-IV-8	解等差級數的求和公式，並能運用到日常生活的情境解決問題。

PREVIOUS EXAM

歷屆會考考題

104 年會考選擇題第 17 題

已知 **A** 地在 **B** 地的西方，且有一以 **A**、**B** 兩地為端點的東西向直線道路，其全長為 **400** 公里。今在此道路上距離 **A** 地 **12** 公里處設置第一個看板，之後每往東 **27** 公里就設置一個看板，如圖（十一）所示。若某車從此道路上距離 **A** 地 **19** 公里處出發，往東直行 **320** 公里後才停止，則此車在停止前經過的最後一個看板距離 **A** 地多少公里？

(A) **309**

(B) **316**

(C) **336**

(D) **339**

答：(C)

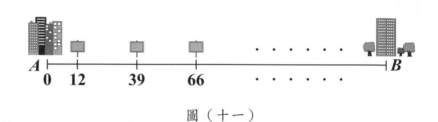

圖（十一）

104 年會考非選擇題第 1 題

大冠買了一包宣紙練習書法，每星期一寫 **1** 張，每星期二寫 **2** 張，每星期三寫 **3** 張，每星期四寫 **4** 張，每星期五寫 **5** 張，每星期六寫 **6** 張，每星期日寫 **7** 張。若大冠從某年的 **5** 月 **1** 日開始練習，到 **5** 月 **30** 日練習完後累積寫完的宣紙總數已超過 **120** 張，則 **5** 月 **30** 日可能為星期幾？請求出所有可能的答案並完整說明理由。

參考答案：

因為 **5** 月 **1** 日～**5** 月 **30** 日，共經過 **30** 天，也就是 **4** 星期又 **2** 天。

所以 **5** 月 **1** 日～**5** 月 **28** 日為完整的 **4** 個星期，一定會練習到 $(1+2+3+4+5+6+7) \times 4 = 112$ 張宣紙。**5** 月 **29** 日、**5** 月 **30** 日會練習到幾張，會因 **5** 月 **1** 日的星期而變動。

根據 **5** 月 **1** 日可能的星期，可整理出下表：

5 月 1 日的星期	5 月 29 日的星期	5 月 30 日的星期	總共練習的宣紙張數
一	一	二	$112+1+2=115<120$
二	二	三	$112+2+3=117<120$
三	三	四	$112+3+4=119<120$
四	四	五	$112+4+5=121>120$
五	五	六	$112+5+6=123>120$
六	六	日	$112+6+7=125>120$
日	日	一	$112+7+1=120$

故符合題意的 **5** 月 **30** 日星期為五、六、日。

105 年會考選擇題第 9 題

小昱和阿帆均從同一本書的第 1 頁開始，逐頁依順序在每一頁上寫一個數。小昱在第 1 頁寫 1，且之後每一頁寫的數均為他在前一頁寫的數加 2；阿帆在第 1 頁寫 1，且之後每一頁寫的數均為他在前一頁寫的數加 7。若小昱在某頁寫的數為 101，則阿帆在該頁寫的數為何？

(A) 350

(B) 351

(C) 356

(D) 358

答：(B)

106 年會考選擇題第 25 題

如圖（十三），某計算機中有 $\boxed{\sqrt{}}$、$\boxed{1/x}$、$\boxed{x^2}$ 三個按鍵，以下是這三個按鍵的功能。

1. $\boxed{\sqrt{}}$：將螢幕顯示的數變成它的正平方根，
   例如：螢幕顯示的數為 49 時，按下 $\boxed{\sqrt{}}$ 後會變成 7。

2. $\boxed{1/x}$：將螢幕顯示的數變成它的倒數，
   例如：螢幕顯示的數為 25 時，按下 $\boxed{1/x}$ 後會變成 0.04。

3. $\boxed{x^2}$：將螢幕顯示的數變成它的平方，
   例如：螢幕顯示的數為 6 時，按下 $\boxed{x^2}$ 後會變成 36。

圖（十三）

若螢幕顯示的數為 100 時，小劉第一下按 $\boxed{\sqrt{}}$，第二下按 $\boxed{1/x}$，第三下按 $\boxed{x^2}$，之後以 $\boxed{\sqrt{}}$、$\boxed{1/x}$、$\boxed{x^2}$ 的順序輪流按，則當他按了第 100 下後螢幕顯示的數是多少？

(A) 0.01

(B) 0.1

(C) 10

(D) 100

答：(B)

圖（十二）的摩天輪上以等間隔的方式設置 36 個車廂，車廂依順時針方向分別編號為 1 號到 36 號，且摩天輪運行時以逆時針方向等速旋轉，旋轉一圈花費 30 分鐘。若圖（十三）表示 21 號車廂運行到最高點的情形，則此時經過多少分鐘後，9 號車廂才會運行到最高點？

(A) 10

(B) 20

(C) $\dfrac{15}{2}$

(D) $\dfrac{45}{2}$

答：(B)

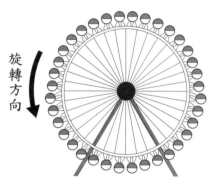
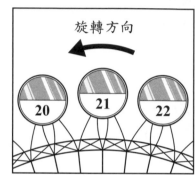

圖（十二）　　　　　圖（十三）

有一名網友分享自己運用「365 存錢法」的過程。他製作一個有 365 格的表格，在格子中依序標上 1~365 後，每天任意挑選一格未被劃記「✕」的格子，存下與格子中數字相同的金額再將此格劃記「✕」，執行 365 日後結束。

小琪希望自己可以存下更多的錢，於是仿效此存錢法，並將每天存下的金額都調整為選到數字的兩倍。求小琪執行 365 天後總共可存下多少錢？

(A) 66795 元

(B) 66987 元

(C) 133590 元

(D) 267180 元

答：(C)

單元二　函數

UNIT TWO

學習重點回顧

下表為平年 1～6 月的月分與天數對照表。

月分	1	2	3	4	5	6
天數	31	28	31	30	31	30

➊ 變數：上表中月分與天數為兩個變動的量，稱為變數。

➋ 函數：兩個變動的量，分別以 x、y 表示。若給定任意一個 x 時，都可以恰好對應到一個 y，則稱 y 是 x 的函數。

例如：由上表可知，給定任意一個月分，都可以恰好對應到一個天數，故天數是月分的函數。反之，天數 31 會對應到 1、3、5 月，天數 30 會對應到 4、6 月，故月分不會是天數的函數。

➌ 函數值：若 y 是 x 的函數，則決定 x 後，恰好對應到的 y，就稱為 x 的函數值。

例如：由上表可知，決定 x＝2 後，恰好對應到 y＝28，故 28 為此函數在 x＝2 的函數值。

➍ 線型函數：已知 a、b 為二數，若 y 是 x 的函數且形如 y＝ax＋b，則稱為線型函數。

- 若 a≠0，則 y＝ax＋b 中有一次項，稱為一次函數。
- 若 a＝0，則 y＝b 中僅有常數項，稱為常數函數。

➎ 線型函數圖形：將所有滿足線型函數 y＝ax＋b 的 (x,y) 標在坐標平面上，所得到的圖形稱為線型函數 y＝ax＋b 的圖形。

- 若 a≠0 且 b≠0，則一次函數 y＝ax＋b 的圖形為一條斜直線。
- 若 a≠0 且 b＝0，則一次函數 y＝ax 的圖形為一條通過原點的斜直線，此時 y 和 x 成正比。
- 若 a＝0，則常數函數 y＝b 的圖形為一條平行 x 軸的直線，即水平線。

❻ 線型函數 y＝ax＋b 圖形繪製步驟：

- 找出滿足 $y = ax + b$ 的兩點 (x_1, y_1)、(x_2, y_2)。

- 將 (x_1, y_1)、(x_2, y_2) 標在坐標平面上，並將其連線，即可得到其圖形。

NOTE

數學知識檢核

( )① 下列各 x、y 值的關係中,何者可以稱 y 是 x 的函數?

A 天數有 x 天的月分是 y 月

B 售價 x 元的智慧型手機是 y 品牌

C 班上出生於 x 月的同學身高為 y 公分

D 八年 x 班的上學期數學科段考班平均是 y 分

( )② 下列關於 x、y 之間的對應關係,哪一組的 y 不是 x 的函數?

A

x	4	5	6
y	1.2	1.3	1.4

B

x	−1	0	1
y	−1	0	1

C

x	1	1	1
y	1	3	5

D

x	1	2	3
y	0	0	0

( )③ 某城市的公共腳踏車收費方式如下:租借腳踏車前 30 分鐘內 5 元。30 分鐘
以後,每 10 分鐘加 5 元,不足 10 分鐘以 10 分鐘計算。設 x 表示某人租借腳
踏車的時間(分鐘),y 表示租借腳踏車的費用(元),請判斷選項中的敘述,
何者正確?

A y 是 x 的函數

B x 是 y 的函數

C x 與 y 無關

D 無法判斷

④ 設函數 $y = -4x + 7$,則 $x = 3$ 時的函數值為 _____

線型函數

（　）① 下列哪一個<u>不是</u>線型函數？

　　Ⓐ $y=2$

　　Ⓑ $y=20x-22$

　　Ⓒ $y=\dfrac{1}{3x}$

　　Ⓓ $y=\dfrac{1}{3}x$

（　）② <u>君君</u>一週有 150 元的零用錢用來買早餐，且每天早餐的費用為 20 元。若<u>君君</u>吃了 x 天的早餐，還剩下 y 元，則 x 與 y 的關係式為下列何者？

　　Ⓐ $y=\dfrac{150}{20x}$

　　Ⓑ $y=150-20x$

　　Ⓒ $y=\dfrac{20x}{150}$

　　Ⓓ $y=150+20x$

③ <u>數感人壽</u>的人壽險每年應繳交的保費（y 元）是最初投保年齡（x 歲）的函數，其關係式為 $y=13000+1500(x-22)$。<u>威威</u>今年 24 歲，若此時他投保，則每年應繳交保費 ＿＿＿＿＿ 元

④ 設<u>攝氏</u>溫度為 x 度，<u>華氏</u>溫度為 y 度，且其關係式為 $y=\dfrac{9}{5}x+32$。若現在溫度為<u>攝氏</u> 37.5 度，則對應到的<u>華氏</u>溫度應為 ＿＿＿＿＿ 度。

⑤ 已知果農販賣的番茄，其重量與價錢成線型函數關係，今<u>小華</u>向果農買一竹籃的番茄，含竹籃秤得總重量為 15 公斤，付番茄的錢 250 元。若他再加買 1.5 公斤的番茄，需要多付 30 元，則空竹籃的重量應為 ＿＿＿＿＿ 公斤。

線型函數的圖形

( )① 設函數 $y＝ax＋b$，則下列敘述何者錯誤？

　A 若 $a＝0$、$b≠0$，則函數 $y＝ax＋b$ 的圖形為水平線

　B 若 $a＝0$、$b＝0$，則函數 $y＝ax＋b$ 的圖形為 y 軸

　C 若 $a≠0$、$b＝0$，則函數 $y＝ax＋b$ 的圖形會通過原點

　D 若 $a≠0$、$b≠0$，則函數 $y＝ax＋b$ 的圖形為一條斜直線

② 已知坐標平面上，一次函數 $y＝2x＋a$ 的圖形通過 $(-4,0)$，其中 a 為一數，則 $a＝$ _____

( )③ 在坐標平面上，下列哪一點不在函數 $y＝7x－2$ 的圖形上？

　A $(1,5)$

　B $(0,2)$

　C $(3,19)$

　D $(-1,-9)$

( )④ 下列哪一個函數的圖形會通過坐標平面上的原點？

　A $y＝\dfrac{1}{3}x＋\dfrac{2}{3}$

　B $y＝-1$

　C $y＝\dfrac{1}{333}x$

　D $y＝-x＋9$

( )⑤ 坐標平面上，有一個常數函數的圖形通過 $(-6,3)$，則該函數的圖形也會通過下列哪一點？

A $(-6,0)$

B $(0,3)$

C $(6,0)$

D $(0,-3)$

( )⑥ 一函數 $y = -x+9$ 的圖形，與 x 軸、y 軸分別交於 $(a,0)$、$(0,b)$ 兩點，求數對 (a,b) 為下列何者？

A $(-9,0)$

B $(0,9)$

C $(9,9)$

D $(9,-9)$

QUESTION 2-1

探索時區與經度的奧妙

　　格蘭傑喜歡的樂團將在英國舉辦演唱會，同步線上全球轉播。為了準時收看，格蘭傑想先確認開演時間。樂團官網上有公告開演時間表，其中英國與格蘭傑居住的臺灣，其開演時間如表一所示。

表一 音樂會在不同地區的開演時間

地區	時間
英國	10/1，18:00~21:00
臺灣	10/2，02:00~05:00

　　格蘭傑覺得奇怪，音樂會怎麼在凌晨舉辦呢？查詢後發現，原來是英國跟臺灣在不同的時區。時區的概念是：以地球由西向東自轉 1 圈 360° 會經過 24 小時的現象，將 360 個經度以 1 小時為單位劃分出時區[1]，並以通過英國 格林威治天文臺的 0° 經線為基準，將 0° 經線通過的時區訂為 0，形成了通用全世界的時間系統。

　　了解時區怎麼制定後，格蘭傑想，地球上每個位置跟它所在的時區，應該符合某種函數關係。如此一來，才能讓各地觀眾找出能同步觀賞樂團演出的時間。

01 根據時區的概念，請判斷地球上的時區是否為 24 個？

　　是　　否

02 格蘭傑發現，無論在網站點選哪個地區，都會恰好對應 1 個可看到同步線上轉播的時段。已知每個時段都代表 1 個時區，根據上述資訊，請判斷「時區」是否為「地區」的函數，並合理說明或詳細解釋你的看法。

　　是　　否

◆ 說明：

[1] 此為理論時區的制定，本題僅考慮理論時區。實際上，同一個國家會被劃分在同一個時區，所以兩相鄰時區之間的界線可能不是直線。

03 格蘭傑有 1 位住在香港的朋友，也一樣喜歡這個樂團，他們討論自己會在幾點的時候觀看直播，結果發現他們所在地區對應的開演時間一樣。根據上述資訊，請判斷「地區」是否為「時區」的函數，並合理說明或詳細解釋你的看法。

是　　　否

◆ 說明：

04 格蘭傑想試著找出從經度推算時區的方法。過程中他進一步發現，「經度為 15 的倍數」的經線，皆會通過時區的正中央，且由於地球自轉的方向，讓時區 0 東側的時間比較早過完，所以時區 0 東側的時區標記為正，在西側的就標記為負。已知時區皆以整數標記，承第 1 題，請根據上述資訊，在括號中填入下列各經線通過的時區，以及各時區界線的經度。

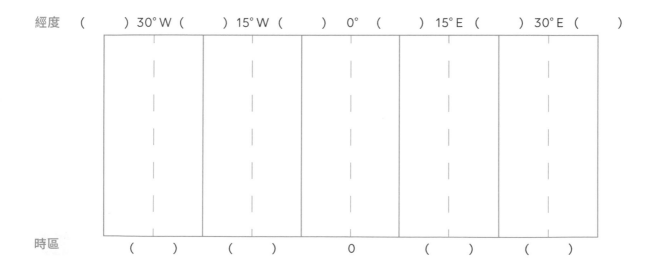

經度 （　　　） 30°W （　　　） 15°W （　　　） 0° （　　　） 15°E （　　　） 30°E （　　　）

時區　　　（　　）　　　（　　）　　　0　　　（　　）　　　（　　）

05 承上題,請合理說明或詳細解釋,位在 121°E 的臺灣,應該落在哪個時區?

答:

◆ 說明:

延伸學習

題目資訊

內容領域	◯數與量(N)	◯空間與形狀(S)	●變化與關係(R)	◯資料與不確定性(D)

數學歷程	◯形成	●應用	◯詮釋

情境脈絡	●個人	◯職業	◯社會	◯科學

學習重點	學習內容	F-8-1	一次函數
	學習表現	f-IV-1	理解常數函數和一次函數的意義,能描繪常數函數和一次函數的圖形,並能運用到日常生活的情境解決問題。

抓出恰到好處的洗衣精用量

你的洗衣服方式正確嗎？洗衣精加太多是大家常犯的錯誤，嚴重的話可能導致皮膚過敏，所以廠商通常會在包裝上根據不同款的洗衣機規格，建議該加入多少洗衣精。

水島太太為了避免洗衣精過量，很嚴謹地遵守洗衣精的建議用量來洗，他常用的熊寶寶洗衣精，在包裝上的建議用量，如表一所示。

表一 熊寶寶洗衣精建議用量

洗衣機水量（公升）	洗衣精用量（瓶蓋）
80	1.2
70	1
60	0.8
50	0.6

然而，水島太太家的四星牌洗衣機，將水位分成極低、低、中、高、極高 5 種。水島太太查了說明書，才知道對應的水量公升數如表二所示。

表二 四星牌洗衣機水位與公升數

水位	公升
極高	105
高	85
中	70
低	55
極低	32

（　）01 水島太太有次在家洗衣服時，看到洗衣機顯示中水位，請問這次洗衣服的水量有幾公升？

A）55

B）70

C）85

D）105

（　）02 有天，水島太太發現要洗的衣服不多，用低水位就可以了，請問該次使用幾瓶蓋的洗衣精比較恰當？

A）0.75

B）0.7

C）0.65

D）0.6

03 水島太太覺得這樣一個個對照看包裝很麻煩，仔細觀察後，他發現水量跟洗衣精用量之間有等比例的關係。假設水量是 x 公升時，對應的洗衣精用量是 y 瓶蓋，請合理說明或詳細解釋，水島太太發現的水量與洗衣精用量的關係式為何？

答：

◆ 說明：

04 水島太太想起有次要洗的衣服很少，僅使用極低水位。之前都不知道該怎麼抓洗衣精的量，發現關係式之後，換算起來快了許多！承上題，請合理說明或詳細解釋，水島太太在極低水位時，應該使用大約多少瓶蓋的洗衣精？

答：　　　　　　　瓶蓋

◆ 說明：

題目資訊

內容領域　○數與量(N)　○空間與形狀(S)　◉變化與關係(R)　○資料與不確定性(D)

數學歷程　○形成　◉應用　○詮釋

情境脈絡　○個人　○職業　◉社會　○科學

學習重點

學習內容	F-8-1	一次函數

學習表現　f-IV-1　理解常數函數和一次函數的意義，能描繪常數函數和一次函數的圖形，並能運用到日常生活的情境解決問題。

歷屆會考考題

110 年會考選擇題第 7 題

已知纜車從起點行駛到終點需花費 **8** 分鐘，圖（三）表示行駛過程中纜車的海拔高度與行駛時間的關係。

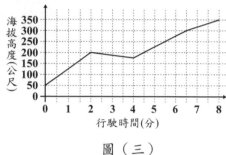

圖（三）

根據圖（三）判斷，下列敘述何者正確？

(A) 終點的海拔高度比起點高 **300** 公尺，行駛時間的前 **4** 分鐘都在上升

(B) 終點的海拔高度比起點高 **300** 公尺，行駛時間的末 **4** 分鐘都在上升

(C) 終點的海拔高度比起點高 **350** 公尺，行駛時間的前 **4** 分鐘都在上升

(D) 終點的海拔高度比起點高 **350** 公尺，行駛時間的末 **4** 分鐘都在上升

答：(B)

111 年參考題本選擇題第 15 題

職業籃球中常根據有效命中率衡量球員投籃表現：

$$有效命中率 = \frac{F + 0.5 \times P}{A}$$

F：總進球數（兩分球與三分球）

P：三分球的進球數

A：出手的總次數（兩分球與三分球）

若阿維、阿勝出手的總次數相同，總進球數也相同，則下列哪種情形中阿勝的有效命中率一定比阿維高？

(A) 阿勝投進的三分球比阿維多

(B) 阿勝投進的兩分球比阿維多

(C) 阿勝的三分球出手次數比阿維多

(D) 阿勝的兩分球出手次數比阿維多

答：(A)

單元三　三角形的基本性質

UNIT THREE

三角形的基本性質

學習重點回顧

❶ 角的種類：

名稱	銳角	直角	鈍角	平角	周角
圖例	A	A	A	A	A
角度範圍	$0° < \angle A < 90°$	$\angle A = 90°$	$90° < \angle A < 180°$	$\angle A = 180°$	$\angle A = 360°$

❷ 兩個角的關係： 已知 $\angle A$、$\angle B$ 為兩角，

◎ 若 $\angle A + \angle B = 90°$，則稱 $\angle A$、$\angle B$ 互餘，且 $\angle A$、$\angle B$ 互為餘角。

◎ 若 $\angle A + \angle B = 180°$，則稱 $\angle A$、$\angle B$ 互補，且 $\angle A$、$\angle B$ 互為補角。

❸ 對頂角： 已知直線 L、M 相交於一點，

◎ 不相鄰的兩角，形成一組對頂角。
  如圖：圖中的 $\angle 1$ 與 $\angle 3$ 是一組對頂角，$\angle 2$ 與 $\angle 4$ 是另一組對頂角。

◎ 同一組對頂角的兩角必相等。如圖：$\angle 1 = \angle 3$，$\angle 2 = \angle 4$

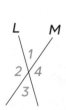

④ 凸 n 邊形的角度： 假設 n 為正整數且 n≥3，

- 凸 n 邊形的內角和＝$(n-2) \times 180°$
- 若凸 n 邊形為正 n 邊形，則其每一個內角度數＝$\dfrac{(n-2) \times 180°}{n}$
- 一內角的一邊與另一邊的延伸線所夾的角，稱為此內角的外角。
  如圖：沿著△ABC 外圍順時針繞一圈，可得到∠1、∠2、∠3
  分別為∠BAC、∠BCA、∠ABC 的外角，即為△ABC 的一組外角。
  改沿著△ABC 外圍逆時針繞一圈，可得到∠4、∠5、∠6 也分別
  為∠BAC、∠ABC、∠BCA 的外角，即為△ABC 的另一組外角。

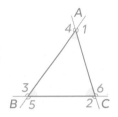

- 每一個內角都與它的一個外角互補。如圖：∠BAC 與其中一個外角∠1，滿足
  ∠BAC＋∠1＝180°
- 三角形的一組外角和度數為 360°，即圖中∠1＋∠2＋∠3＝∠4＋∠5＋∠6＝360°
- 三角形的外角性質：任一外角等於其兩內對角之和。
  如圖：∠BAC 的外角∠1，其兩內對角為∠ABC、∠BCA，可得到∠1＝∠ABC＋∠BCA

⑤ 尺規作圖： 只用沒有刻度的尺與圓規製作圖形的方法。

- 等線段作圖
  給定 $\overline{AB}$，利用尺規作圖畫出另一條與 $\overline{AB}$ 長度相等的線段： A ——————— B

作圖步驟	圖例
1. 用直尺作一條直線 L，並在 L 上取一點 C。	————•———————— L C
2. 用圓規以 C 點為圓心，$\overline{AB}$ 為半徑畫弧， 　交 L 於一點 D。	————•————•—— L C D
3. $\overline{CD}$ 即為所求。	————•————•—— L C D

- **等角作圖**

給定∠A，利用尺規作圖畫出另一個與∠A 角度相等的角：

作圖步驟	圖例 1	圖例 2
1. 用直尺畫出直線 L，並在 L 上取一點 D。		
2. 用圓規以 A 點為圓心，適當的半徑畫弧，交∠A的兩邊於兩點 B、C。 再以 D 點為圓心，$\overline{AB}$ 為半徑畫弧，交 L 於一點 E。		
3. 用圓規以 E 點為圓心，$\overline{BC}$ 為半徑畫弧，交前弧於一點 F。		
4. 用直尺連接 $\overrightarrow{DF}$，則 ∠FDE 即為所求。		

- **中垂線作圖**

  給定 $\overline{AB}$，利用尺規作圖畫出 $\overline{AB}$ 的中垂線： A————B

作圖步驟	圖例
1. 用圓規分別以 A、B 點為圓心，大於 $\frac{1}{2}\overline{AB}$ 的相同長度為半徑畫兩弧，兩弧交於兩點 C、D。	
2. 用直尺連接 $\overleftrightarrow{CD}$，則 $\overleftrightarrow{CD}$ 即為所求。	

- **角平分線作圖**

  若一直線能將一角分成相等的兩角，則此直線稱為此角的角平分線。

  給定∠A，利用尺規作圖畫出∠A 的角平分線：

作圖步驟	圖例
1. 用圓規以 A 點為圓心，適當的半徑畫弧，交∠A 的兩邊於兩點 B、C。	
2. 用圓規分別以B、C 點為圓心，大於 $\frac{1}{2}\overline{BC}$ 的相同長度為半徑畫兩弧，兩弧交於一點 D。	
3. 用直尺連接 $\overrightarrow{AD}$，則 $\overrightarrow{AD}$ 即為所求。	

- 過線上一點作垂線：給定直線 L 與 L 上一點 P，用圓規以 P 點為圓心，適當的半徑畫弧，交 L 於兩點 A、B。接著，利用中垂線尺規作圖，畫出 $\overline{AB}$ 的中垂線，此即為過 L 上 P 點並與 L 垂直的直線。

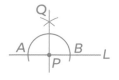

- 過線外一點作垂線：給定直線 L 與 L 外一點 P，用圓規以 P 點為圓心，適當的半徑畫弧，交 L 於兩點 A、B。接著，利用中垂線尺規作圖，畫出 $\overline{AB}$ 的中垂線，此即為過 L 外 P 點並與 L 垂直的直線。

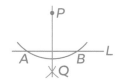

❻ **平面圖形的全等**：兩個平面圖形經過平移、旋轉或翻轉後，可以完全重疊在一起，它們就是兩個形狀與大小都相同的圖形，稱這兩個圖形全等。

- 疊在一起的頂點，稱為對應點。
- 疊在一起的邊，稱為對應邊。
- 疊在一起的角，稱為對應角。

❼ **多邊形的全等**：若兩個多邊形全等，則兩多邊形的對應邊等長，且對應角相等；反之，若兩多邊形的對應邊等長，且對應角相等，則這兩個多邊形全等。

❽ **三角形的全等性質**：當 △ABC 與 △DEF 全等，記為 △ABC ≅ △DEF（唸作三角形 ABC 全等於三角形 DEF）。若兩三角形滿足 SSS、SAS、ASA、AAS、RHS 性質中的其一，則兩三角形必定全等（S 代表邊，A 代表角，R 代表直角，H 代表斜邊）。

性質	描述	圖例
SSS 全等	兩三角形的三組邊對應等長。	
SAS 全等	兩三角形的兩組邊對應等長，且兩組對應邊所夾的角對應相等。	
ASA 全等	兩三角形的兩組角對應相等，且兩組對應角所夾的邊對應等長。	
AAS 全等	兩三角形的兩組角對應相等，且一組對應角的對邊對應等長。	
RHS 全等	兩直角三角形的直角、斜邊、一組股皆對應等長。	

❾ 三角形全等性質的應用：

- 直角三角形的判別：若△ABC 的三邊長 a、b、c，滿足 $a^2 + b^2 = c^2$，則△ABC 為直角三角形，且∠C ＝90°

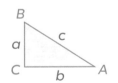

- 中垂線的性質與判別：若直線 L 為 $\overline{AB}$ 的中垂線，P 點為 L 上的一點，則 $\overline{PA} = \overline{PB}$；反之，若 A、B、P 三點滿足 $\overline{PA} = \overline{PB}$，則 P 點必定落在 $\overline{AB}$ 的中垂線上。

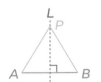

- 角平分線的性質與判別：若 $\overrightarrow{AQ}$ 為∠BAC 的角平分線，P 點為 $\overrightarrow{AQ}$ 上的一點，則 P 點到∠BAC 兩邊的距離相等，即 $\overline{PD}=\overline{PE}$；反之，在同一平面上，若∠BAC 中有一點 P，滿足 P 點到∠BAC 兩邊的距離相等，則 P 點必定落在∠BAC 的角平分線上。

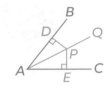

- 等腰三角形的性質：已知等腰三角形 ABC 中，$\overline{AB}=\overline{AC}$，則兩底角∠B＝∠C，且頂角∠A 的角平分線，也會是底邊 $\overline{BC}$ 的中垂線。

- 正三角形的高與面積：已知正三角形的邊長為 a，則高為 $\frac{\sqrt{3}}{2}a$，面積為 $\frac{\sqrt{3}}{4}a^2$

❿ 三角形的邊角關係：

◎ 三角形的三邊長關係滿足：任兩邊長之差＜第三邊長＜任兩邊長之和。

◎ 在三條線段中，若最長的線段長，小於另外兩線段長之和，則此三線段必定能組成一個三角形。

◎ 在三角形中，若有兩邊不等長，則較長的邊所對的角比較大（即大邊對大角）；反之，若有兩個角不相等，則較大的角所對的邊比較長（即大角對大邊）。

◎ 等腰三角形的判別：若三角形中有兩內角相等，則對應的兩邊必等長，此三角形必定為等腰三角形。

◎ 正三角形的判別：若三角形的三內角皆相等，則三邊必等長，此三角形必定為正三角形；反之，若三角形的三邊皆等長，則三內角必相等，此三角形必定為正三角形。

NOTE

數學知識檢核

① 如右圖，兩直線交於一點，其中∠1＝(5x＋16)°，
∠2＝(2x＋34)°，則∠3 的度數為 ＿＿＿＿＿＿

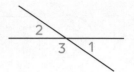

② 正八邊形的一個內角度數為 ＿＿＿＿＿＿

③ 在△ABC 中，若∠A＝46°，且∠B 的外角為 60°，則∠C 的度數為 ＿＿＿＿＿

（　）① 已知 $\overline{AB}$ 長為 16 公分，作 $\overline{AB}$ 的中垂線時，要以 A、B 為圓心，r 公分為半徑
畫弧，使兩弧交於相異兩點，此時 r 可為下列何者？

Ⓐ 6

Ⓑ 7

Ⓒ 8

Ⓓ 9

（　）② 如下圖，已知兩線段長 a、b，以下為小華以尺規作圖的步驟：

1. 畫一直線 L，並在其上取一點 A
2. 以 A 為圓心，a 為半徑畫弧，交 L 於兩點 B、C
3. 以 C 為圓心，b 為半徑畫弧，交 L 於兩點 D、E

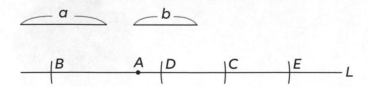

請根據上述作圖步驟，判斷圖中的 $\overline{BD}$ 長度，應用下列哪個選項中的算式表示？

Ⓐ a＋b　　　Ⓑ 2a－b　　　Ⓒ 2b－a　　　Ⓓ a＋2b

平面圖形的全等

① 如下圖，已知四邊形 ABCD 與四邊形 EFGH 全等，A、B、C、D的對應點分別為 E、F、G、H。若∠A＝93°、∠G＝75°、∠H＝67°，則∠B 的度數為 _____

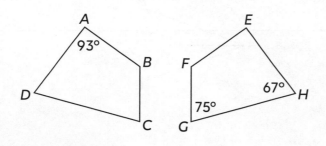

三角形的全等性質及其應用

（ ）① 甲、乙、丙、丁四位同學想作出與△ABC 全等的三角形，如下圖。

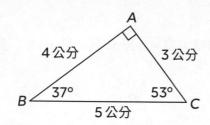

四人分別想了一些條件如下：

甲：$\overline{AB}$＝4 公分，$\overline{AC}$＝3 公分，∠B＝37°

乙：$\overline{AB}$＝4 公分，$\overline{BC}$＝5 公分，∠B＝37°

丙：$\overline{AB}$＝4 公分，$\overline{AC}$＝3 公分，$\overline{BC}$＝5 公分

丁：$\overline{AB}$＝4 公分，$\overline{BC}$＝5 公分，∠A＝90°

若發現其中一人作出的三角形<u>無法</u>與△ABC 全等，則此人最有可能是誰？

Ⓐ 甲　　　　　Ⓑ 乙　　　　　Ⓒ 丙　　　　　Ⓓ 丁

（　）② 如下圖，若 D 點在∠BAC 的角平分線上，則加上下列哪一個條件，仍無法說明
△ABD ≅ △ACD？

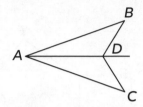

A $\overline{BD}=\overline{CD}$

B $\overline{AB}=\overline{AC}$

C ∠ADB＝∠ADC

D ∠ABD＝∠ACD

（　）③ 如下圖，L 為 $\overline{AB}$ 的中垂線，交 $\overline{AB}$ 於 C 點。若 P 為 L 上任一點，則下列敘述何
者錯誤？

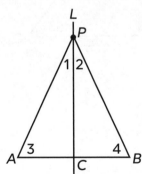

A $\overline{PA}=\overline{PB}$

B ∠1＝∠2

C ∠2 和∠3 互餘

D ∠3 和∠4 互補

（　）④ 如下圖，在△ABC 中，若 $\overline{AB}=\overline{AC}$，且 $\overline{AD}$、$\overline{BE}$ 分別為∠A、∠B 的角平分線，則下列關係何者<u>不一定</u>正確？

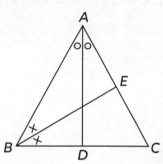

- A $\overline{BD}=\overline{CD}$

- B $\overline{AD}\perp\overline{BD}$

- C ∠CBE＝∠BAD

- D △ABD ≅ △ACD

（　）⑤ 如下圖，△BAD 中，$\overline{AB}$ 與 $\overline{AC}$ 長度不相等，直線 L_1 為 $\overline{AB}$ 的中垂線，且交 $\overline{AB}$ 於 D 點，直線 L_2 為∠BAC 的角平分線，且交 $\overline{BC}$ 於 E 點。已知 L_1 與 L_2 相交於 P 點，請判斷下列選項中的線段關係，何者正確？

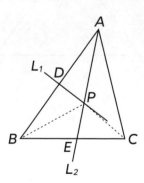

- A $\overline{PA}=\overline{PB}$

- B $\overline{PB}=\overline{PC}$

- C $\overline{PA}=\overline{PC}$

- D $\overline{BE}=\overline{EC}$

⑥ 如右圖，五邊形 ABCDE中，有一正三角形 ACD。若 $\overline{AB}=\overline{DE}$，$\overline{BC}=\overline{AE}$，∠E＝120°，則 ∠BAE 的度數為

_____

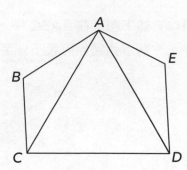

三角形的邊角關係

（ ）① 如圖，△ABC 中，$\overline{AC}=\overline{BC}<\overline{AB}$。若∠1、∠2 分別 為 ∠ABC、∠ACB 的 外角，則下列角度關係何者正確？

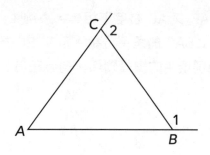

Ⓐ ∠1＜∠2

Ⓑ ∠1＝∠2

Ⓒ ∠A＋∠2＜180°

Ⓓ ∠A＋∠1＞180°

(　)② 在△ABC 中，已知∠A＝65°，∠B＝30°，則下列何者正確？

A $\overline{AB}<\overline{BC}$

B $\overline{AB}>\overline{AC}$

C $\overline{AC}=\overline{BC}$

D $\overline{AB}=\overline{AC}$

(　)③ 在△ABC 中，已知∠B＝60°，∠A＜∠C，則下列何者正確？

A $\overline{AB}$ 最長，$\overline{BC}$ 最短

B $\overline{BC}$ 最長，$\overline{AB}$ 最短

C $\overline{BC}$ 最長，$\overline{AC}$ 最短

D $\overline{AC}$ 最長，$\overline{BC}$ 最短

QUESTION 3-1
探索艾雪藝術的設計

荷蘭版畫家艾雪（Maurits Cornelis Escher）的藝術創作相當特別。作品中的許多圖案，可以緊密且不重疊地拼在一起，如圖一所示。這是如何辦到的呢？

photo credit: Luis García
圖片來源：維基百科

圖一 以艾雪作品設計的牆面

梅傑德仔細觀察後發現，艾雪作品中的基本圖案，多半可以利用四邊形，經過平移、旋轉、鏡射來創造，原來數學也能融合出美學！他想仿造艾雪的作法，創作出類似艾雪作品的基本圖案。跟著梅傑德一起探索看看吧！

<u>01</u> 首先從「平移」開始。平移是把幾何圖形上的每個點，往同一個方向移動相同的距離。梅傑德找了大小一樣的正方形甲與正方形乙，將 2 個正方形並排，如圖二所示。

圖二 正方形甲與正方形乙

請根據圖二，判斷正方形甲平移後是否與正方形乙重疊？
　　●是　●否

02 接著是「鏡射」。鏡射可以把幾何圖形上的每個點，以一固定直線為對稱軸作出對稱點。
梅傑德在 1 張方格紙上畫了 1 個正方形與 1 條鉛直線 L，如圖三所示。

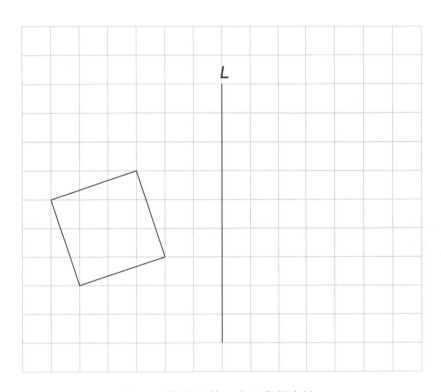

圖三　方格紙上的正方形與鉛直線 L

請你在圖三的方格紙上畫出正方形以鉛直線 L 鏡射的圖形。

( ) 03 最後是「旋轉」。旋轉可以把幾何圖形上的每個點，以一固定點為中心，往同一個方向旋轉相同的角度。梅傑德在正方形 ABCD 中，畫了 1 個區塊 X，如圖四所示。

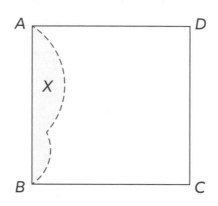

圖四　正方形 ABCD 與區塊 X

梅傑德把區塊 X 以 A 點為中心，往逆時針方向旋轉了 90°，請問下列何者會是他完成旋轉後的圖案？

A)

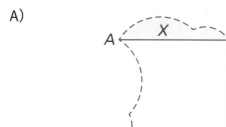

B)

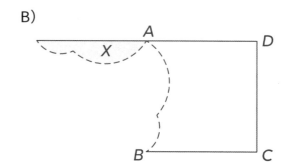

C)

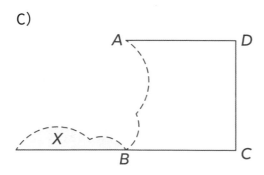

D)

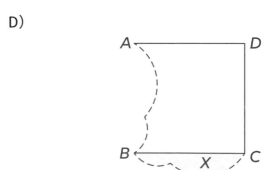

請搭配 P106 附件 01 剪單使用

04 梅傑德熟練了這些技巧後，開始設計自己的基本圖案了！他將正方形 EFGH 再切出 3 個區塊 P、Q、R，如圖五所示。

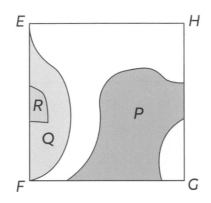

圖五　正方形 EFGH、區塊 P、區塊 Q 與區塊 R

針對區塊 P、Q、R 使用平移、旋轉、鏡射中的一些技巧後，梅傑德做出了 1 個新圖案，原本區塊 P、Q、R 分別變成新圖案中的區塊 p、q、r，如圖六所示。

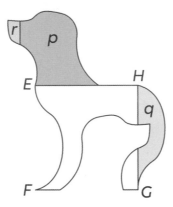

圖六　經過變化後的圖案

請你觀察圖六，判斷梅傑德分別對區塊 P、Q、R 使用了平移、旋轉、鏡射中的哪些技巧，並合理說明或詳細解釋如何操作讓區塊 P、Q、R 分別變成新圖案中的區塊 p、q、r？

◆ 說明：

請搭配 P106 附件 02 剪單使用

<u>05</u> 梅傑德將自己設計的基本圖案畫上塗鴉後，找來一大張紙，想嘗試完成跟<u>艾雪</u>一樣的鑲嵌作品。承上題，請你幫助<u>梅傑德</u>，用他設計出的基本圖案，以緊密且不重疊的方式拼滿下方的空白區域。

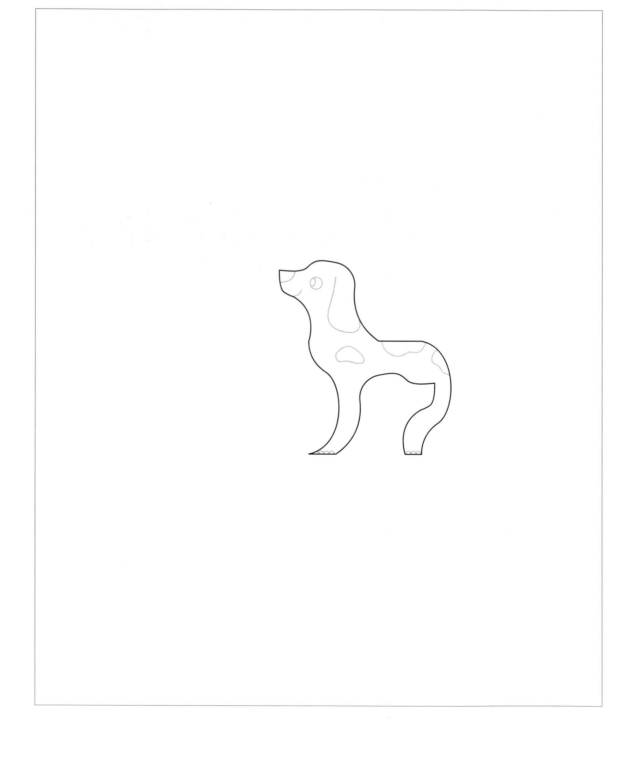

延伸學習 1　　延伸學習 2

題目資訊

內容領域　○數與量(N)　●空間與形狀(S)　○變化與關係(R)　○資料與不確定性(D)

數學歷程　○形成　○應用　●詮釋

情境脈絡　●個人　○職業　○社會　○科學

學習重點

學習內容	S-8-4	全等圖形
學習表現	s-IV-4	理解平面圖形全等的意義，知道圖形經平移、旋轉、鏡射後仍保持全等，並能應用於解決幾何與日常生活的問題。

QUESTION 3-2
善用碎片重製澤立吉

澤立吉（Zellige）是<u>伊斯蘭</u>文化中特有的磁磚裝飾，每塊磁磚都是幾何圖形，以對稱、重複且緊密的方式排列，如圖一所示。

圖一　對稱、重複且緊密排列的澤立吉

澤立吉的磁磚是靠工匠描出形狀，再一塊塊手工刻出來的，非常花時間。因為需要很多塊才能鋪滿平面，所以每位工匠的製作進度都很緊湊。<u>阿金</u>跟夥伴們要一起完成某組澤立吉圖案，如圖二所示。

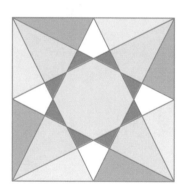

圖二　<u>阿金</u>跟他的夥伴們需要完成的圖案

為了加快進度，每人認領圖中同個顏色的磁磚形狀分工製作。<u>阿金</u>想先刻出 1 塊相同形狀的磁磚，再用它重複描出很多塊，才能專心刻出需要的塊數。一起來幫助<u>阿金</u>完成進度吧！

01　阿金負責的磁磚形狀，如圖三所示，其中 A、B、C 為它的頂點。

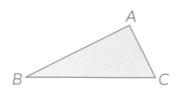

圖三　阿金負責的磁磚形狀

請勾選出阿金負責的形狀為何？

⬡ 三角形　　⬡ 四邊形　　⬡ 八邊形

（　）02　阿金為了能跟其他夥伴負責的形狀，緊密地排列在一起鋪滿平面，他需要確認彼此之間的角度關係。他負責的位置附近還有 3 種形狀，如圖四所示。

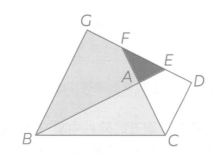

圖四　跟阿金緊密地排在一起的 3 種形狀

請問∠BAC、∠CAE、∠EAF、∠FAB 的度數加起來應為多少？

A）90°

B）180°

C）270°

D）360°

03 承上題，已知 B、A、E 三點落在同一條直線上，C、A、F 三點也落在同一條直線上。請問∠BAC 的度數應跟哪個角度相等？請從以下勾選出正確答案，並合理說明或詳細解釋你的理由。

　　● ∠CAE　　● ∠EAF　　● ∠FAB

◆ 說明：

04 阿金好不容易刻出 1 塊跟 △ABC 相同的磁磚，但在準備描線的材料時，不小心將它摔破了。摔成碎片的磁磚如圖五所示。

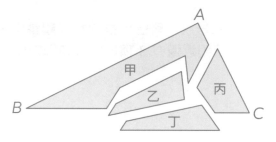

圖五　阿金負責的磁磚摔成了碎片

他沒時間重新測量尺寸了，打算從圖五的碎片中拿 1 塊直接描出想要的形狀。請問他能成功畫出跟△ABC 一模一樣的形狀嗎？如果能，他應該選哪 1 塊碎片？請合理說明或詳細解釋你的看法。

　● 能，他應該選　　　　　碎片（請填入甲、乙、丙、丁）
　● 不能

◆ 說明：

延伸學習

題目資訊

內容領域　○數與量(N)　●空間與形狀(S)　○變化與關係(R)　○資料與不確定性(D)

數學歷程　○形成　○應用　●詮釋

情境脈絡　●個人　○職業　○社會　○科學

學習重點	學習內容	S-8-1	角
		S-8-5	三角形的全等性質
	學習表現	s-IV-2	理解角的各種性質、三角形與凸多邊形的內角和外角的意義、三角形的外角和、與凸多邊形的內角和,並能應用於解決幾何與日常生活的問題。
		s-IV-9	理解三角形的邊角關係,利用邊角對應相等,判斷兩個三角形的全等,並能應用於解決幾何與日常生活的問題。

QUESTION 3-3
分析最佳的倉儲中心位置

哈博克在物流公司上班,負責管理 1 座貨物倉儲中心,如圖一的 D 點。另有 3 座貨物轉運站在此倉儲中心附近,如圖一中的 A、B、C 點,三點連線恰好圍出 1 個三角形。

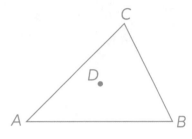

圖一　位在 A、B、C 點的貨物轉運站和 D 點的貨物倉儲中心

現在,物流公司希望提升貨物運送效率,讓倉儲中心到轉運站的距離總和最小。哈博克得設計出更好的倉儲中心位置。他聽說,數學家費馬曾發現三角形內有 1 個點,到 3 個頂點的距離總和最小。但他忘記細節,只記得要先以△ABC的三邊長,分別向外作出 3 個正三角形。以 $\overline{AB}$ 為例,向外作出的正三角形 ABE,如圖二所示。

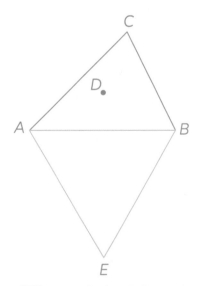

圖二　以 $\overline{AB}$ 為邊長向外作出的正三角形 ABE

請根據數學原理,與哈博克一同找出倉儲中心的新位置吧!

<u>01</u> 請問圖二的正三角形 ABE 中，1 個內角度數是否為 60°？

⬤ 是　　⬤ 否

<u>02</u> 哈博克開始嘗試。首先他作與 $\overline{DA}$ 等長的 $\overline{DF}$、$\overline{AF}$，如圖三所示。

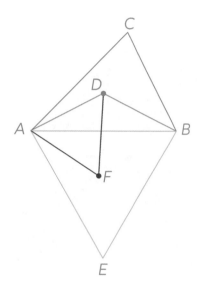

圖三　與 $\overline{DA}$ 等長的 $\overline{DF}$、$\overline{AF}$

藉此，他可以找出其他角度間的關係。請證明圖三中∠DAB 與∠FAE 的角度也相等。

◆ 說明：

03 承上題，在角度的幫助下，哈博克還能再觀察出線段間的關係。請將圖三中的 $\overline{FE}$ 連線，並證明 $\overline{BD}$ 與 $\overline{FE}$ 等長。

◆ 說明：

04 終於，哈博克從上述分析過程中，找到了倉儲中心新位置的線索。他發現新位置一定要坐落在圖二中的某 1 條連線段上，才能符合公司的需求。承第 2、3 題，請試著連接圖二中的各點連線，找出哈博克建議公司的新位置，會落在哪 1 條連線段上？請合理說明或詳細解釋你的看法。

答：

◆ 說明：

題目資訊

內容領域	◯數與量(N)　◉空間與形狀(S)　◯變化與關係(R)　◯資料與不確定性(D)		
數學歷程	◯形成　◉應用　◯詮釋		
情境脈絡	◯個人　◉職業　◯社會　◯科學		
學習重點	學習內容	S-8-5	三角形的全等性質
	學習表現	s-IV-9	理解三角形的邊角關係，利用邊角對應相等，判斷兩個三角形的全等，並能應用於解決幾何與日常生活的問題。

QUESTION 3-4

估算疫情下的演唱會收益

　　國際巨星<u>沖野洋子</u>要來<u>臺灣</u>開露天演唱會了！但是新冠肺炎的疫情還很嚴重，主辦單位為了讓演唱會順利舉行，決定以最高的防疫標準來維護觀眾的健康，不只提醒觀眾戴口罩，還要讓觀眾全程都維持 1 公尺的社交距離。在這個條件下，主辦單位想盡辦法要容納最多觀眾，才能有最大收益。

( ) <u>01</u> 若讓進場的每 3 人都恰好維持 1 公尺的社交距離，以這 3 人為頂點畫直線，請問可畫出什麼圖形呢？

A) 菱形

B) 正三角形

C) 鈍角三角形

D) 等腰直角三角形

( ) <u>02</u> <u>小柯</u>跟朋友約了一起來看，他是第一個到會場的，若以他為中心點，四周的人和<u>小柯</u>維持 1 公尺的社交距離，站在隔壁的彼此也保持 1 公尺的社交距離。請問最多有幾位朋友能恰好站在<u>小柯</u>旁邊（相隔 1 公尺）呢？

A) 無限多位

B) 8

C) 6

D) 1

(　) 03 演唱會場地是 1 個長為 150 公尺、寬為 149 公尺的長方形廣場。為了維持社交距離又容納最多人，主辦單位決定以貼膠帶的方式，精準標示每位觀眾的站位。貼出來的結果如圖一所示。

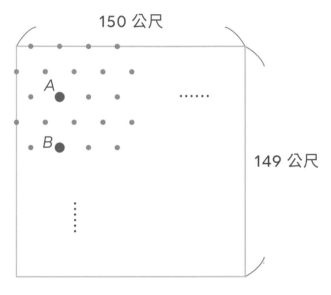

圖一　場地規畫圖

請問圖一中觀眾 A 與觀眾 B 相距多少公尺？

A) $\dfrac{\sqrt{2}}{2}$

B) $\sqrt{2}$

C) $\dfrac{\sqrt{3}}{2}$

D) $\sqrt{3}$

04 主辦單位發現以 1 個正六邊形來計算人數會比較好算，如圖二所示。請你幫主辦單位算算看，在符合社交距離 1 公尺的規範下，根據圖二的排法，這個場地最多可以容納幾人？請合理說明或詳細解釋你的看法。（參考數值：$\sqrt{2}\fallingdotseq1.41$，$\sqrt{3}\fallingdotseq1.73$）

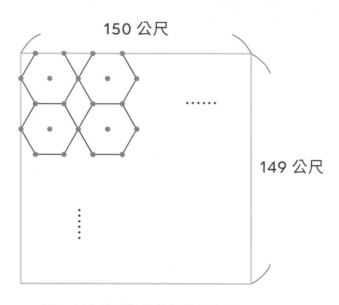

150 公尺

149 公尺

圖二 以六邊形計算的場地規畫圖

答：　　　　　　　人

◆ 說明：

<u>05</u> 本來這個場地可以容納 40000 人，演唱會每張票的平均票價為 500 元。承上題，請問在符合社交距離 1 公尺的規範下，即使所有座位全部售出，主辦單位仍會少賺大約多少錢？請合理說明或詳細解釋你的看法。

答：＿＿＿＿＿＿＿＿ 元

◆ 說明：

題目資訊

內容領域 ○ 數與量(N)　◉ 空間與形狀(S)　○ 變化與關係(R)　○ 資料與不確定性(D)

數學歷程 ○ 形成　◉ 應用　○ 詮釋

情境脈絡 ○ 個人　○ 職業　◉ 社會　○ 科學

學習重點	學習內容	S-8-7	平面圖形的面積
	學習表現	s-IV-8	理解特殊三角形（如正三角形、等腰三角形、直角三角形）、特殊四邊形（如正方形、矩形、平行四邊形、菱形、箏形、梯形）和正多邊形的幾何性質及相關問題。

QUESTION 3-5
找出蜂窩構造的秘密

蜂巢是蜜蜂建造來居住與繁殖後代的地方，裡面由多個蜂窩所組成，可用來放置蛹或儲存花蜜。蜂窩是由蜂蠟所圍成的，每隻工蜂要吃足夠的蜂蜜，才能產出少少的蜂蠟。因此，蜂蠟是很稀有的重要資源。

有天貝瑞到養蜂場參觀，導覽人員介紹了蜂窩都是由正六邊形組成的，如圖一所示。

圖一　正六邊形的蜂窩

貝瑞覺得有趣，為什麼蜜蜂特別選用正六邊形作為牠們的巢穴結構呢？難道蜜蜂也懂幾何學嗎？這可能只是巧合。又或者是正六邊形有什麼過人之處，即使是大自然中的生物，也應用在牠們的生活當中。跟著貝瑞一起探討看看吧！

01 請判斷正六邊形的所有邊長是否皆相等？

　　　是　　否

02 貝瑞觀察到，正六邊形的蜂窩是以緊密、不重疊且沒有縫隙的方式鋪滿平面，原來是因為正六邊形 1 個內角為 120°，3 個正六邊形的內角剛好可以拼成 360°。其實，還有 2 種正多邊形，也可以達成這樣的效果。請你找出是哪些正多邊形，並合理說明或詳細解釋你的看法。

答：

◆ 說明：

03 貝瑞查了資料之後，發現有 1 種蜜蜂的蜂窩直徑為 0.5 公分，即正六邊形一頂點到最遠處頂點的距離，如圖二所示。

0.5公分

圖二　正六邊形蜂窩的直徑

貝瑞覺得蜜蜂選擇圖形的依據，可能與「稀有的蜂蠟」有關。他思考，不同形狀在與正六邊形相同周長之情形下，各自的面積大小關係。承上題，請根據面積由大到小排序這些正多邊形，並合理說明或詳細解釋你的看法。(參考數值：$\sqrt{2} \fallingdotseq 1.4$，$\sqrt{3} \fallingdotseq 1.7$，$\sqrt{5} \fallingdotseq 2.2$)

答：

◆ 說明：

04 貝瑞想，如果同樣面積，周長愈小的話，就表示能用愈少的蜂蠟圍出蜂窩。承上題，請協助貝瑞判斷，同樣面積的 3 種形狀，彼此的周長大小關係，並說明當中最有優勢，能以最少蜂蠟圍出蜂窩的形狀為何？

答：

◆ 說明：

延伸學習

題目資訊

內容領域 ○數與量(N) ●空間與形狀(S) ○變化與關係(R) ○資料與不確定性(D)

數學歷程 ○形成 ●應用 ○詮釋

情境脈絡 ●個人 ○職業 ○社會 ○科學

學習重點	學習內容	S-8-2	凸多邊形的內角和
		S-8-7	平面圖形的面積
	學習表現	s-IV-2	理解角的各種性質、三角形與凸多邊形的內角和外角的意義、三角形的外角和、與凸多邊形的內角和,並能應用於解決幾何與日常生活的問題。
		s-IV-8	理解特殊三角形(如正三角形、等腰三角形、直角三角形)、特殊四邊形(如正方形、矩形、平行四邊形、菱形、箏形、梯形)和正多邊形的幾何性質及相關問題。

本題同時授權於康軒國中數學使用

QUESTION 3-6

規劃塔防遊戲的攻略

「塔防」是 1 種經典的遊戲模式，玩家要在敵人抵達堡壘前將他們消滅。因為堡壘的武器需要時間重新填充彈藥，所以要在路上放障礙物迫使敵人繞道，延長他們抵達堡壘的時間。

<u>比利卡</u>熱衷於塔防遊戲，圖一是他某次遊戲中的地圖，其中他的堡壘位在 A 點，有 2 個敵人位在 B、D 兩點雙面夾攻。各點連線皆為敵人可走的路徑，且∠1＞∠3、∠4＞∠2。

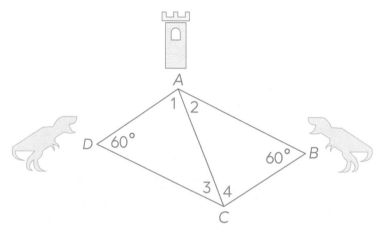

圖一　塔防遊戲的地圖

<u>比利卡</u>知道塔防遊戲的敵人，都會自動選擇最短路徑前往堡壘，且他們的移動速度都一樣。他想購買障礙物道具，但金額有限，必須先規劃好擺放的位置。跟<u>比利卡</u>一起思考如何防衛堡壘吧！

<u>01</u> 根據塔防遊戲的設定，請問位在 B 點的敵人應該走下列哪條路徑前往堡壘？

　　　從 B 點出發，直接前往 A 點

　　　從 B 點出發，經過 C 點，再前往 A 點

（　）<u>02</u> 承上題，若<u>比利卡</u>有 2 個障礙物可以放，且每條路徑只能放 1 個，則他應該放在哪 2 條路徑上，才能有效延長敵人抵達堡壘的時間？

A）$\overline{AB}$、$\overline{BC}$

B）$\overline{BC}$、$\overline{CD}$

C）$\overline{CD}$、$\overline{DA}$

D）$\overline{DA}$、$\overline{AB}$

03 假設放 2 個障礙物的情形下，位在 B、D 點的敵人須走別條路，才能前往堡壘。承上題，根據圖一的角度資訊，請問敵人繞道後，從哪個位置出發的敵人會比較快抵達堡壘？請合理說明或詳細解釋你的看法。

❋ B 點　　❋ D 點

◆ 說明：

04 比利卡購買道具的時候，發現只夠買 1 個障礙物。他只能選擇 1 條路徑放，想辦法讓 2 個敵人走的路徑總和比較遠。根據圖一，請問比利卡應該把障礙物放在哪條路徑上，才能讓從 B、D 點出發的敵人，抵達堡壘的路徑總和最長？請合理說明或詳細解釋你的看法。

答：

◆ 說明：

題目資訊

內容領域	○數與量(N)　◉空間與形狀(S)　○變化與關係(R)　○資料與不確定性(D)
數學歷程	○形成　◉應用　○詮釋
情境脈絡	◉個人　○職業　○社會　○科學

學習重點	學習內容	S-8-8	三角形的基本性質
	學習表現	s-IV-9	理解三角形的邊角關係，利用邊角對應相等，判斷兩個三角形的全等，並能應用於解決幾何與日常生活的問題。

歷屆會考考題

111 年補考選擇題第 16 題

圖（七）為一張三角形紙片 *ABC*，其中 *D* 點在 $\overline{AC}$ 上。今將此三角形紙片沿著 $\overline{BD}$ 往下摺後，使 *A*、*B*、*C*、*D* 四點在同一平面上，如圖（八）所示。若圖（七）中∠*A*＝30°、∠*ABD*＝35°、∠*C*＝55°，則圖（八）中∠*ADC* 的度數為何？

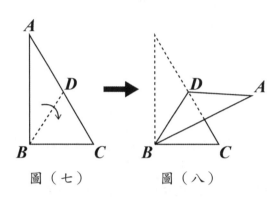

圖（七）　　　　圖（八）

(A) **50**

(B) **55**

(C) **60**

(D) **65**

答：(A)

單元四　平行與四邊形

UNIT FOUR

4

LESSON
平行與四邊形

學習重點回顧

❶ 平行：平面上兩直線 L、M 永不相交，稱為 L 與 M 平行，記為 L //M。

- 垂直於同一條直線的兩條直線，必定互相平行。
- 若兩相異直線互相平行，則一條直線上的任一點，到另一條直線的距離皆相等，即兩平行線間的距離處處相等。

❷ 截線與截角：在同一平面上，直線 L 分別於直線 M、N 交於兩個相異點，此直線稱為直線 M、N 的截線。截線 L 與直線 M、N 形成的八個角，稱為截角，如圖中的∠1～∠8 所示。

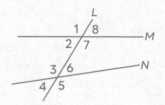

- **同位角**：位在直線交點同個相對位置的一組角。如圖：∠1 與∠3、∠2 與∠4、∠5 與∠7、∠6 與∠8
- **同側內角**：位在截線 L 同一側，且在直線 M、N 之間的一組角。如圖：∠2 與∠3、∠6 與∠7
- **內錯角**：位在截線 L 不同側，且在直線 M、N 之間的一組角。如圖：∠2 與∠6、∠3 與∠7

❸ 平行線的截角性質與判別：假設直線 L 為直線 M、N 的截線，

- 若 M//N，則任一組 (1) 同位角相等 (2) 同側內角互補 (3) 內錯角相等。
- 若 (1) 同位角相等 (2) 同側內角互補 (3) 內錯角相等 其中一項成立，則 M//N。

❹ 過線外一點作平行線：給定直線 L 與 L 外一點 P，用直尺作一條過 P 點的直線 M，交 L 於一點 A，形成∠1。接著，利用等角作圖，以同位角相等（∠1＝∠2）或內錯角相等（∠1＝∠3）畫出 $\overrightarrow{PQ}$，此即為過 L 外 P 點並與 L 平行的直線。

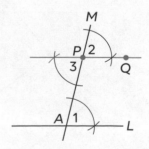

⑤ 平行四邊形：兩組對邊分別平行的四邊形。如圖，
平行四邊形 ABCD 中，$\overline{AB}//\overline{CD}$ 且 $\overline{AD}//\overline{BC}$。

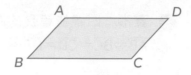

- **基本性質**：
  - 任一條對角線能將其分成兩個全等三角形。
  - 兩組對邊分別等長。
  - 兩組對角分別相等。
  - 兩條對角線互相平分。

- **判別性質**：在一四邊形中，
  - 若有兩組對邊分別等長，則此四邊形必定為平行四邊形。
  - 若有兩組對角分別相等，則此四邊形必定為平行四邊形。
  - 若兩條對角線互相平分，則此四邊形必定為平行四邊形。
  - 若一組對邊平行且等長，則此四邊形必定為平行四邊形。

⑥ 長方形（矩形）：四內角皆為直角的四邊形。如圖，
長方形 ABCD 中，$\angle A=\angle B=\angle C=\angle D=90°$

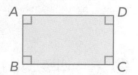

- **基本性質**：兩條對角線等長且互相平分。

- **判別性質**：在一四邊形中，若兩條對角線等長且互相平分，則此四邊形必為長方形。

⑦ 正方形：四內角皆為直角且四邊皆等長的四邊形。
如圖，正方形 ABCD 中，$\angle A=\angle B=\angle C=\angle D=90°$且
$\overline{AB}=\overline{BC}=\overline{CD}=\overline{DA}$。

- **基本性質**：兩條對角線等長且互相垂直平分。

- **判別性質**：在一四邊形中，若兩條對角線等長且互相垂直平分，則此四邊形必定為
正方形。

⑧ 菱形：四邊皆等長的四邊形。如圖，菱形 ABCD 中，
$\overline{AB}=\overline{BC}=\overline{CD}=\overline{DA}$。

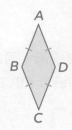

- **基本性質**：兩條對角線互相垂直平分。
- **判別性質**：在一四邊形中，若兩條對角線互相垂直平分，則此四邊形必定為菱形。

⑨ 箏形：兩組鄰邊分別等長的四邊形。如圖，箏形 ABCD 中，
$\overline{AB}=\overline{AD}$ 且 $\overline{BC}=\overline{CD}$。

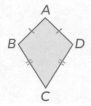

- **基本性質**：其中一條對角線垂直平分另一條對角線。
- **判別性質**：在一四邊形中，若其中一條對角線垂直平分另一條對角線，則此四邊形必定為箏形。

⑩ 在一四邊形中，若兩對角線互相垂直，則此四邊形的面積$=\dfrac{兩對角線的乘積}{2}$

⑪ 梯形：一組對邊平行，且另一組對邊不平行的四邊形，其中平行的一組對邊稱為上底與下底，不平行的一組對邊稱為腰。如圖，梯形 ABCD 中，$\overline{AD}//\overline{BC}$ 但 $\overline{AB}$ 與 $\overline{CD}$ 不平行，其中 $\overline{AD}$、$\overline{BC}$ 為梯形 ABCD 的上底與下底，$\overline{AB}$、$\overline{CD}$ 為梯形 ABCD 的腰。

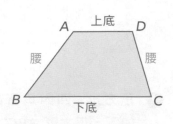

- **基本性質**：兩腰的中點連線段與上、下底平行，且其長度$=\dfrac{上底＋下底}{2}$
- 梯形面積$=\dfrac{（上底＋下底）\times 高}{2}=$兩腰中點連線段長$\times$高

⑫ **等腰梯形**：兩腰等長的梯形。如圖，梯形 ABCD 中，$\overline{AB}$ 與 $\overline{CD}$ 不平行且 $\overline{AB}=\overline{CD}$。

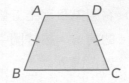

- **基本性質**：兩組底角分別相等且對角線等長。
- **判別性質**：在一梯形中，若兩組底角分別相等，則此梯形必定為等腰梯形。

NOTE

數學知識檢核

( )① 右圖為平面上五條直線 L_1、L_2、L_3、L_4、L_5 相交的情況。根據圖中標示的角度,判斷下列敘述何者正確?

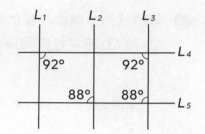

   A L_1 和 L_3 平行,L_2 和 L_3 平行

   B L_1 和 L_3 平行,L_2 和 L_3 不平行

   C L_1 和 L_3 不平行,L_2 和 L_3 平行

   D L_1 和 L_3 不平行,L_2 和 L_3 不平行

【106 年會考】

② 如右圖,已知 $L_1 /\!/ L_2$,且 L_3 為兩直線的截線,若 $\angle 1 = 127^\circ$,則 $\angle 2 =$ _____

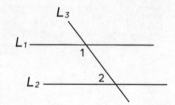

③ 如右圖,已知 $L_1 /\!/ L_2$,求 $a - b =$ _____

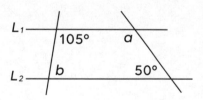

④ 如右圖,已知 $L_1 /\!/ L_2$,且 L_3 為兩直線的截線,分別交 L_1、L_2 於 P、R 點。若 $\overline{PQ} \perp L_1$,則 $a =$ _____

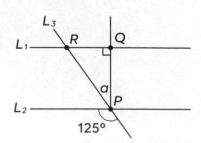

平行四邊形的性質與判別

（　）① 請問下列有關平行四邊形的敘述，何者<u>不一定</u>正確？

  Ⓐ 對角線相等且互相平分

  Ⓑ 兩組對邊分別等長

  Ⓒ 兩組對角分別相等

  Ⓓ 相鄰兩內角互補

② 如右圖，在平行四邊形 ABCD 中，若∠D＝95°，∠CBE＝22°，
則∠BEC＝＿＿＿＿＿＿

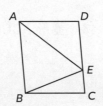

③ 如右圖，平行四邊形 ABCD 中，$\overline{BE}＝\overline{CD}$，若∠A＝60°，
則∠ABE＝＿＿＿＿＿＿

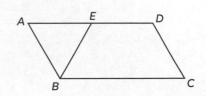

長方形、正方形、菱形與箏形的性質與判別

（　）① 下列有關四邊形的敘述，何者<u>錯誤</u>？

  Ⓐ 若一長方形的對角線互相垂直，則此長方形就是正方形

  Ⓑ 平行四邊形中，若其中有一角為直角，則此平行四邊形就是長方形

  Ⓒ 若一梯形的對角線互相垂直，則此梯形為等腰梯形

  Ⓓ 若一菱形的對角線等長，則此菱形就是正方形

（　）② 如右圖，已知 ABCD 為平行四邊形，請問要加上下列
哪一個條件，才可以說明四邊形 ABCD 為菱形？

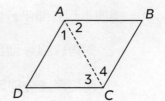

A ∠B＝∠D

B ∠1＝∠4

C ∠3＝∠4

D ∠BAD＝∠BCD

③ 菱形 ABCD 中，已知對角線 $\overline{AC}$＝6 公分、$\overline{BD}$＝8 公分，則菱形 ABCD 的周長為

_____ 公分。

④ 如右圖，四邊形 ABCD 與四邊形 AEFG 均為正方形，
若∠1＝36°，則∠2＝_____

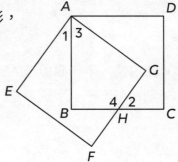

梯形與等腰梯形的性質

① 梯形 ABCD 中，$\overline{AB}$//$\overline{CD}$，E、F 分別為 $\overline{AD}$、$\overline{BC}$ 中點，若 $\overline{EF}$＝10，$\overline{CD}$＝15，則
$\overline{AB}$ ＝ _____

② 如右圖，梯形 ABCD 中，$\overline{AD}//\overline{BC}$，E、F 分別為 $\overline{AB}$、$\overline{CD}$ 的中點。已知 $\overline{EF}=11$、$\overline{AB}=9$、$\overline{CD}=12$，則梯形 ABCD 的周長為 _____

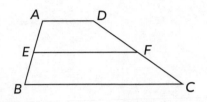

③ 如右圖，梯形ABCD中，$\overline{AD}//\overline{BC}$，$\angle B=90°$。若 $\overline{BC}=\overline{CD}=2\overline{AD}=4$，則梯形 ABCD 的面積為

_____

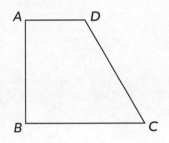

(　)④ 如右圖，四邊形 ABCD 中，$\overline{AD}//\overline{BC}$，請問加上下列哪一個條件，仍<u>無法說明</u>四邊形 ABCD 是等腰梯形？

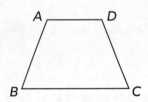

Ⓐ $\overline{BC}=2\overline{AD}$

Ⓑ $\angle B+\angle D=180°$

Ⓒ $\angle A+\angle C=180°$

Ⓓ $\overline{BD}=\overline{AC}$

QUESTION 4-1

發掘輪子的另一種可能

有一種特殊形狀的輪子，有點圓又有點尖，如圖一所示。

圖一　有點圓又有點尖的輪子

看起來一點也不穩，卻能在水平地面滾動的過程中平穩地運行。如圖二所示，特殊輪子上方的平台是裝滿水的杯子，輪子滾動時水都不會溢出來。

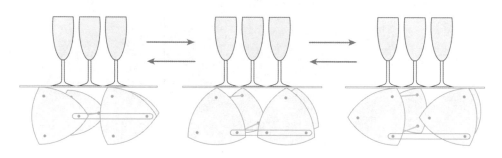

圖二　裝滿水的杯子安穩地在平台上

艾波查資料發現這個形狀稱作「勒洛三角形」。他很好奇，這麼特殊的形狀，為什麼能達到跟圓形輪子一樣的效果呢？一起與艾波思考看看原因吧！

01 一般常見的輪子是圓形。請比較圓上所有任意兩點之間的長度，最長的是否為直徑？

　　　　是　　　否

02 為了發掘跟圓形比較的線索，<u>艾波</u>想先知道怎樣畫出勒洛三角形。他找到了其中一種畫法如下：

步驟 1	任取一點 A，並以 A 點為圓心，適當的半徑畫出圓 A^2。
步驟 2	任取圓 A 上的一點 B，並以 B 點為圓心，圓 A 半徑畫圓，兩圓交於其中一點 C。
步驟 3	以 C 點為圓心，圓 A 半徑畫圓。則中央由 A、B、C 與圓弧所圍成的圖形，即為勒洛三角形。

請根據上述作圖步驟，在下方空格中畫出作圖軌跡，並根據圖一，將勒洛三角形的區域塗色或標示出來。

---

² 通常以圓心的點來稱呼圓。例如：以 A 點為圓心的圓，稱作圓 A。

03 根據作圖的步驟，<u>艾波</u>認為勒洛三角形 ABC 中，各頂點之間的距離會跟圓 A 的半徑長相等。承上題，請判斷<u>艾波</u>的想法是否正確，並合理說明或詳細解釋你的看法。

　　　是　　　否

◆ 說明：

04 <u>艾波</u>認為，水平地面與輪子上的平台，應該要互相平行，才能在運行的過程中，保持平台的穩定。承上題，請判斷<u>艾波</u>的想法是否正確，並合理說明或詳細解釋你的看法。
（提示：勒洛三角形 ABC 中，最長的長度為 $\overline{AB}$。）

　　　是　　　否

◆ 說明：

延伸學習

題目資訊

內容領域 ○數與量(N) ●空間與形狀(S) ○變化與關係(R) ○資料與不確定性(D)

數學歷程 ○形成 ○應用 ●詮釋

情境脈絡 ●個人 ○職業 ○社會 ○科學

學習重點

學習內容	S-8-3	平行
學習表現	s-IV-3	理解兩條直線的垂直和平行的意義，以及各種性質，並能應用於解決幾何與日常生活的問題。

QUESTION 4-2

摺出能一刀剪下二階菱的方法

日本古書《和國智慧較》集結了許多數學問題，其中有 1 道關於剪紙的有趣題目：
「如何將方形紙張摺疊並只剪一刀，來剪出三階菱？」

根據資料，三階菱為日本戰國時期眾多家紋中的 1 種，是由互為相似的菱形所組成的線對稱圖形。小笠原想要挑戰看看，他先將三階菱簡化成由形狀相同，但大小不同的 2 個菱形所組成之「二階菱」，來思考可能的作法，如圖一所示。

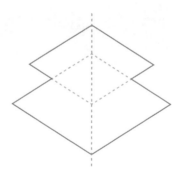

圖一　簡化後由 2 個菱形組成以鉛直線為對稱軸的「二階菱」

跟著小笠原一起思考，如何解決這道一刀剪紙的問題吧！

<u>01</u> 請判斷菱形是否為「四邊等長」的四邊形？
　　● 是　● 否

02 <u>小笠原</u>先從 1 個菱形的幾何性質，來思考如何摺出可以實現一刀剪的摺線。有 1 個內角皆不為 90°的菱形，如圖二所示。

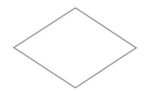

圖二　內角皆不為 90°的菱形

請在圖二中畫出此菱形所有的對稱軸。

03 找到菱形的對稱軸之後，<u>小笠原</u>找了 1 張長方形的紙張，他沿著此長方形的對稱軸對摺 2 次後，再剪下 1 個直角三角形，如圖三所示。

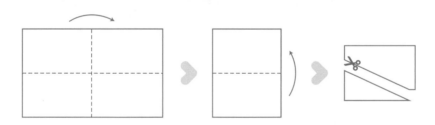

圖三　長方形對摺 2 次並剪下 1 個直角三角形

承上題，請利用線對稱與菱形的幾何性質，合理說明或詳細解釋<u>小笠原</u>剪下的紙張形狀為菱形。

◆ 說明：

請搭配 P108 附件 03 剪單使用

04 接著，<u>小笠原</u>要試著摺出能一刀剪下圖一的摺線。他先在長方形紙張描下圖一的形狀，並根據菱形的對稱軸，畫出了 1 條鉛直摺線與 1 條水平摺線，如圖四所示。

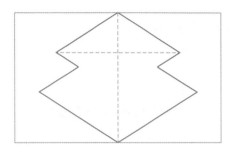

圖四　1 條鉛直摺線與 1 條水平摺線

根據圖四中<u>小笠原</u>所畫的摺線，他進行了以下 2 個摺紙步驟：

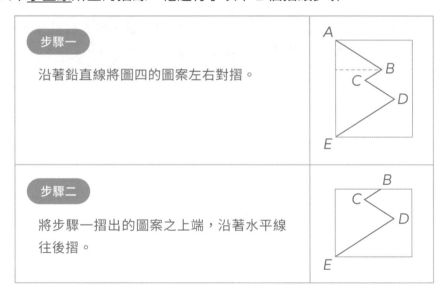

步驟一	
沿著鉛直線將圖四的圖案左右對摺。	

步驟二	
將步驟一摺出的圖案之上端，沿著水平線往後摺。	

在步驟二中，<u>小笠原</u>發現的 $\overline{AB}$ 與 $\overline{BC}$ 疊在一起了。若<u>小笠原</u>要讓剩下的線段 $\overline{BC}$、$\overline{CD}$、$\overline{DE}$ 也疊在一起，形成能一刀剪下圖一的樣子，則他應該如何找出剩下的摺線？請合理說明或詳細解釋這些摺線能完成一刀剪下圖一的理由。

◆ 說明：

延伸學習

題目資訊

內容領域 ○數與量(N) ●空間與形狀(S) ○變化與關係(R) ○資料與不確定性(D)

數學歷程 ○形成 ○應用 ●詮釋

情境脈絡 ●個人 ○職業 ○社會 ○科學

學習重點			
	學習內容	S-7-4	線對稱的性質
		S-7-5	線對稱的基本圖形
		S-8-3	平行
		S-8-10	正方形、長方形、箏形的基本性質
	學習表現	s-IV-3	理解兩條直線的垂直和平行的意義，以及各種性質，並能應用於解決幾何與日常生活的問題。
		s-IV-5	理解線對稱的意義和線對稱圖形的幾何性質，並能應用於解決幾何與日常生活的問題。
		s-IV-8	理解特殊三角形（如正三角形、等腰三角形、直角三角形）、特殊四邊形（如正方形、矩形、平行四邊形、菱形、箏形、梯形）和正多邊形的幾何性質及相關問題。

QUESTION 4-3
研究東奧會徽的創作秘辛

2020東京奧運會徽利用不同尺寸的長方形所組成，是以日本傳統圖案「市松紋」為靈感，而長方形的頂點互相連接，代表連結彼此的精神。不過，會徽上的這些長方形，是如何決定它們怎麼排列的呢？

其實，設計師先將每個長方形對應的菱形，以「鑲嵌」的方式拼在一起，這些長方形的頂點就會剛好重疊，連接出漂亮的圖案，如圖一所示。

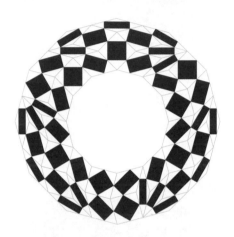

圖一　會徽上的菱形鑲嵌

而「鑲嵌」是將 1 種或多種幾何圖形重複、緊密、不重疊且沒有縫隙地鋪滿平面的方式，關鍵在於將這些圖形的內角剛好拼成 360°，達到不重疊又沒有縫隙的效果。讓我們一起來探索如何運用幾何圖形的性質來表現吧！

<u>01</u> 已知正五邊形的 1 個內角為 108°，圖二是用了 3 個正五邊形緊密排列後的情形。

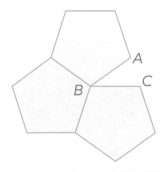

圖二　3 個正五邊形緊密排列的情形

請判斷在圖二中的銳角∠ABC 內是否還放得下 1 個相同大小的正五邊形？
　　●是　●否

（　　）02 圖三為會徽的其中一部分，是由 3 個菱形鑲嵌所組成的。

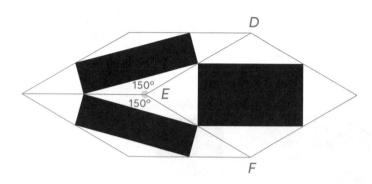

圖三　會徽的一部分

請問圖三中∠DEF 的度數為何？

A）　30°

B）　60°

C）　120°

D）　150°

03 承上題，請合理說明或詳細解釋，圖三中的 3 個菱形周長相等。

◆ 說明：

04 圖四為會徽所使用的 3 種菱形甲、乙、丙,其中藍色區域的圖形皆為長方形,且它們的頂點都落在所屬的菱形各邊中點上。請你從圖四中選出至少 2 種菱形,在可以重複使用的狀況下,總共用 4 個菱形畫出以「鑲嵌」將內角緊密拼成 360°的圖案。

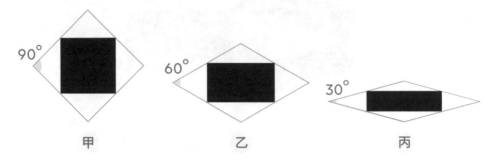

圖四 3 種菱形及其對應的長方形

◆ 說明:

延伸學習

題目資訊

內容領域 ○數與量(N) ●空間與形狀(S) ○變化與關係(R) ○資料與不確定性(D)

數學歷程 ○形成 ○應用 ●詮釋

情境脈絡 ○個人 ○職業 ●社會 ○科學

學習重點	學習內容	S-8-2	凸多邊形的內角和
		S-8-10	正方形、長方形、箏形的基本性質
	學習表現	s-IV-2	理解角的各種性質、三角形與凸多邊形的內角和外角的意義、三角形的外角和、與凸多邊形的內角和,並能應用於解決幾何與日常生活的問題。
		s-IV-8	理解特殊三角形(如正三角形、等腰三角形、直角三角形)、特殊四邊形(如正方形、矩形、平行四邊形、菱形、箏形、梯形)和正多邊形的幾何性質及相關問題。

QUESTION 4-4
探索藻井的圖形設計

你是否有看過寺廟的天花板上,有些像倒過來的井,愈往上愈往內縮凹進去,且用許多花紋雕刻來裝飾,如圖一所示。

圖一　寺廟天花板上的裝飾設計

這樣的結構稱為「藻井」,是東亞傳統建築的 1 種頂部裝飾手法,經常使用正八邊形一層層往上架構出來。日向很欣賞正八邊形層層出現的設計,他想好好分析其中的細節,希望能用各種大小的正八邊形,做出 1 個藻井模型。

01 請問圖一中藻井的正八邊形,其邊長是否愈往內縮就愈小?

　　● 是　　● 否

<u>02</u> <u>日向</u>需要知道每層正八邊形的邊長，才能規劃藻井的製作流程。仔細觀察後，他發現藻井的每個正八邊形，以 1 個固定的中心點向外輻射排列。他將每個正八邊形頂點與中心點的連線，恰好形成 4 條直線，如圖二所示。

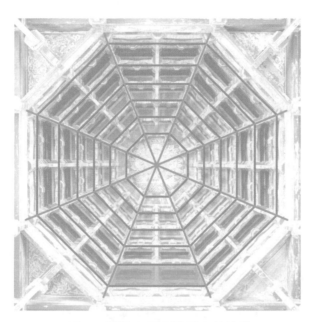

圖二　藻井中正八邊形上的連線

<u>日向</u>認為，每層正八邊形邊長之間的關係，跟連線後切割出的這每 1 個四邊形區域有關。請問圖二中的塗色四邊形區域，為下列哪 1 種圖形，並合理說明或詳細解釋你如何判斷。

🌸 菱形　　🌸 箏形　　🌸 長方形　　🌸 梯形

◆ 說明：

03 日向還需要確定每層正八邊形，與內、外相隔 1 層的正八邊形之間距離多遠，才能知道它們應該要擺放的位置。為了方便製作，日向讓同一條連線上，相隔 1 層的 2 個正八邊形頂點之間距離都一樣。以藻井的最外層當作第一層，假設第一層的正八邊形邊長為 a，往內數第二、三層的正八邊形邊長分別為 b、c，如圖三所示。

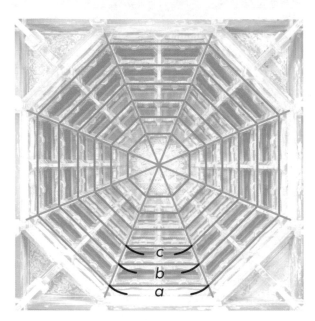

圖三　藻井中最外面 3 層的正八邊形邊長 a、b、c

承上題，請你幫助日向用 a、b 表示 c 的長度，並合理說明或詳細解釋你的理由。

答：c＝

◆ 說明：

04 日向認為，如果相隔 1 層的 2 個正八邊形頂點之間距離都一樣，那麼他只要測量第一層的正八邊形邊長，就可以用 1 個固定比例，從第一層往內找出第二層的邊長，再從第二層往內找出第三層的邊長。承上題，請合理說明或詳細解釋，日向是否能找出此固定比例？若是，請求出這個固定比例為何；若否，請說明你的理由。（提示：假設能找出固定比例，則表示 $\dfrac{b}{a} = \dfrac{c}{b}$）

　　　是，固定比例為

　　　否

◆ 說明：

題目資訊

內容領域 ○數與量(N)　●空間與形狀(S)　○變化與關係(R)　○資料與不確定性(D)

數學歷程 ○形成　●應用　○詮釋

情境脈絡 ●個人　○職業　○社會　○科學

學習重點	學習內容	S-8-3	平行
		S-8-11	梯形的基本性質
	學習表現	s-IV-3	理解兩條直線的垂直和平行的意義，以及各種性質，並能應用於解決幾何與日常生活的問題。
		s-IV-8	理解特殊三角形（如正三角形、等腰三角形、直角三角形）、特殊四邊形（如正方形、矩形、平行四邊形、菱形、箏形、梯形）和正多邊形的幾何性質及相關問題。

PREVIOUS EXAM
歷屆會考考題

109 年補考選擇題第 11 題

平行四邊形紙片 $ABCD$ 內有一點 P，如圖（四）所示。今將 B、D 兩點往內摺至 P 點，出現摺線 $\overline{EF}$、$\overline{GH}$，其中 E、F、G、H 分別在 $\overline{AB}$、$\overline{BC}$、$\overline{CD}$、$\overline{DA}$ 上，如圖（五）所示。若 $\angle B=50°$，$\angle EPH=110°$，則 $\angle PFC$ 與 $\angle PGC$ 的度數和為多少？

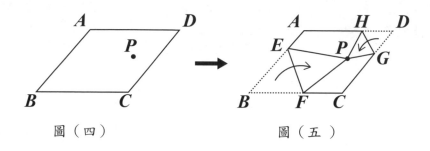

圖（四）　　　　　　圖（五）

(A) 80

(B) 90

(C) 100

(D) 110

答：(A)

附件 01

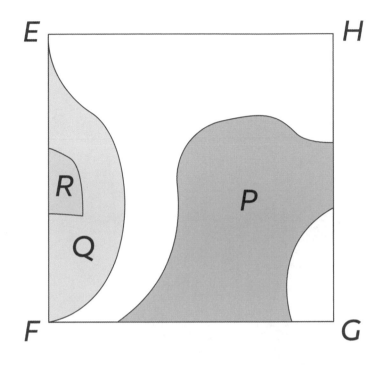

附件 02

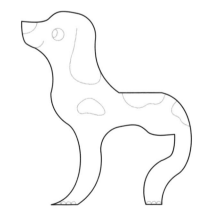

附件 03

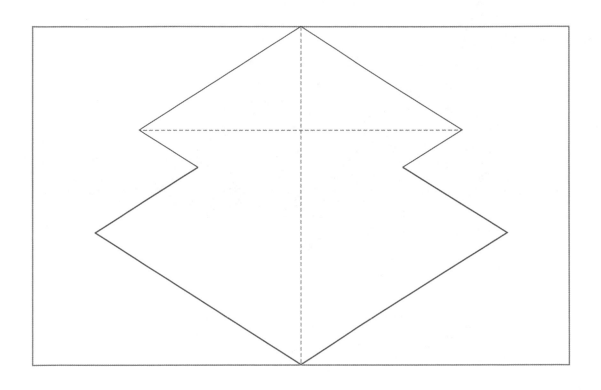

告別學習厭食症！
把數學變得 好用 好玩 好學

學生課程
1. 國中數學素養
   學習方法及解題活用
2. 國小數學實驗
   動手玩出數學的
   信心和興趣

教學資源
1. 國中素養題型教材
2. 數學實驗材料包
3. 教案研發授權

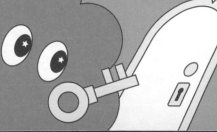

數感實驗室提供 **國小至國中** 最精緻豐富的教育內容
幫助家長、教師、學生在學習道路上走得更加輕鬆快樂！

掃描了解
更多課程活動資訊！

數感 FN2011

數學素養
題型 （八下）

作　　者　數感實驗室
主　　編　賴以威
協力編輯　廖珮妤、陳韋樺、鄭淑文、謝至平
行銷業務　陳彩玉、林詩玟、陳紫晴、葉晉源
視覺統籌　郭豫君
美術設計　數感實驗室設計團隊 Numeracy Design Lab

發 行 人　凃玉雲
編輯總監　劉麗真
出　　版　臉譜出版
　　　　　城邦文化事業股份有限公司
　　　　　台北市民生東路二段 141 號 5 樓
　　　　　電話：886-2-25007696 傳真：886-2-25001952

發　　行　英屬蓋曼群島商家庭傳媒股份有限公司城邦分公司
　　　　　台北市中山區民生東路 141 號 11 樓
　　　　　客服專線：02-25007718；25007719
　　　　　24 小時傳真專線：02-25001990；25001991
　　　　　服務時間：週一至週五上午 09:30-12:00；下午 13:30-17:00
　　　　　劃撥帳號：19863813 戶名：書虫股份有限公司
　　　　　讀者服務信箱：service@readingclub.com.tw
　　　　　城邦網址：http://www.cite.com.tw

香港發行所　城邦（香港）出版集團有限公司
　　　　　　香港灣仔駱克道 193 號東超商業中心 1 樓
　　　　　　電話：852-25086231　傳真：852-25789337

新馬發行所　城邦（新、馬）出版集團
　　　　　　Cite（M）Sdn. Bhd.（458372U）
　　　　　　41-3, Jalan Radin Anum, Bandar Baru Sri Petaling,
　　　　　　57000 Kuala Lumpur, Malaysia.
　　　　　　電話：+6(03)-90563833
　　　　　　傳真：+6(03)-90576622
　　　　　　電子信箱：services@cite.my

一版一刷　2023 年 2 月
ISBN 978-626-315-243-4
售價：420 元（本書如有缺頁、破損、倒裝，請寄回更換）

Facebook　YouTube

歡迎按讚我們的 Facebook 粉絲頁
還有訂閱 YouTube 頻道
讓我們帶你認識不一樣的數學！